# 别和
# 犟孩子较劲

专供版

### 青春期孩子父母要上的16堂心理课

高佰平 —— 著

哈尔滨出版社
HARBIN PUBLISHING HOUSE

图书在版编目（CIP）数据

别和犟孩子较劲：青春期孩子父母要上的16堂心理课：专供版 / 高佰平著.—哈尔滨：哈尔滨出版社，2018.2

ISBN 978-7-5484-3614-0

Ⅰ．①别… Ⅱ．①高… Ⅲ．①青春期－家庭教育 Ⅳ．①G782

中国版本图书馆CIP数据核字（2017）第195348号

书　　名：别和犟孩子较劲：青春期孩子父母要上的16堂心理课．专供版
作　　者：高佰平 著
责任编辑：张　薇　王　丹
责任审校：李　战
装帧设计：上尚装帧设计

出版发行：哈尔滨出版社（Harbin Publishing House）
社　　址：哈尔滨市松北区世坤路738号9号楼　　邮编：150028
经　　销：全国新华书店
印　　刷：哈尔滨市石桥印务有限公司
网　　址：www.hrbcbs.com　　www.mifengniao.com
E－mail：hrbcbs@yeah.net
编辑版权热线：（0451）87900271　87900272
销售热线：（0451）87900202　87900203
邮购热线：4006900345（0451）87900345　87900256

开　　本：787mm×1092mm　　1/16　　印张：14　　字数：151千字
版　　次：2018年2月第1版
印　　次：2018年2月第1次印刷
书　　号：ISBN 978-7-5484-3614-0
定　　价：36.00元

凡购本社图书发现印装错误，请与本社印制部联系调换。　　服务热线：（0451）87900278

根据教育研究部门对我国家庭的调查，我们惊讶地发现，有70%的孩子觉得自己不幸福，觉得自己和父母有距离；而73%的父母坦言，孩子总不肯乖乖听话，不明白孩子心里在想些什么，还没有找到与孩子正确沟通的办法。

孩子不听话，难以管教，很多做父母的对此万分苦恼。很多时候，尽管父母对孩子付出了百分之百的爱，可还是得不到孩子的"心"。比如让他好好学习，孩子却偏偏沉迷于网瘾中；为了帮助孩子做功课，妈妈不惜牺牲自己的时间当陪读，孩子却厌烦到想离家出走；父母天天教育孩子要跟同学友好相处，孩子却偏要跟同学打架；想和孩子聊聊学校里的生活，孩子却不愿意答理父母……这些都让家长感到头疼又无可奈何。

很多为人父母者都有过以上类似的经历，都曾在教育孩子的过程中遭受过沮丧、失望。这些问题普遍存在，为什么得不到有效的解决呢？原因就在于家长们忽视了一个很重要的问题。那就是，没有做到和孩子正确地沟通。人类的行为是受心理支配的，我们家庭教育的重要目的就是对孩子的心灵进行引导。鲁迅曾说："孩子的世界，与成人截然不同，倘不先行理解，一味蛮做，便大碍于孩子的发达。"沟通是父母教育孩子最主要也是最有效的方式，而沟通的第一步就是要知道孩子的心里在想些什么。

苏联教育学家苏霍姆林斯基说："我们把父母与孩子之间的沟通，作为一个重要命题来看待，是因为在孩子很小的时候，每一个生活细节都可能成为蕴涵重大教育意义的事件，都可以扩展为孩子的终生相伴的好习惯或坏毛病。从这个角度看，家庭教育的意义是胜于学校教育的，所以家长与孩子的沟通能力就直接反映了家教水平，这也直接决定了孩子未来的发展。"

在孩子的成长过程中，心理的发育和生理成长发育同等重要；在孩子不同的年龄阶段，都会有不同的心理特点和问题。有些家长一味地注重孩子成长的某些结果，比如考试成绩、说话能力、动手能力等。但是，却从不知道孩子心里在想什么。微软前任总裁比尔·盖茨说："与人沟通是一门学问，它能决定你的事业是否成功；与孩子沟通是一种责任，它能决定孩子的成长，这代表家庭的未来、民族的未来。"

其实，只要家长们肯多花点时间，多用点心思，平时多注意观察孩子，多点沟通，多点理解，家长就会发现，读懂孩子的心其实很简单。

本书从心理学的角度入手，结合日常家教中的实际案例，深刻分析了孩子不听话的心理原因；对孩子不听话的行为表现进行了深入透视；为父母正确地应对孩子不听话的行为提出了各种实用而有效的对策与技巧，从而帮助父母读懂孩子的心理，然后承认孩子的世界，走进孩子的世界，消灭家长和孩子中间那道"沟"，把"顽劣"的"犟"孩子变成听话的乖孩子！

最后，衷心感谢王伟华、王秀荣、王苹、武秀红、郗祥倩、肖映菁、徐霖、杨喜鸿、张洁、张荣川、张晓雅、吉拥泽、李庆玲、刘丽娟、徐晶等老师和朋友协助并参与本书的创作。没有你们的帮助，我不可能在紧张的工作之余顺利完成这部作品。

# $C$ontents 目录

目录

# 第一课

叛逆：

不是孩子的罪过

青少年心理课堂

叛逆心理是青少年成长过程中经常会出现的一种心理状态，是该年龄阶段青少年的一个突出的心理特点。因为青少年正处于心理的"过渡期"，其独立意识和自我意识日益增强，迫切希望摆脱成人的监护。他们反对成人把自己当"小孩"，而以成人自居。为了表现自己的"非凡"，就对任何事物都倾向于批判的态度。正是由于他们感到或担心外界忽视了自己的独立存在，才产生了叛逆心理，从而用各种手段、方法来确立"自我"与外界的平等地位。

叛逆心理虽然说不上是一种非健康的心理，但是当它反应强烈时却是一种反常的心理。它虽然不同于变态心理，但已带有变态心理的某些特征。比如它会导致青少年出现对人对事多疑、偏执、冷漠、不合群等病态性格，使之精神委靡、学习被动、意志衰退、信念动摇、理想泯灭等。叛逆心理对孩子人生观的形成和身心健康都是不利的。叛逆心理的进一步发展，还可能向病态心理或犯罪心理转化，从而走向极端。如果不及时加以矫正，发展下去对青少年的成长非常不利。

"心理过渡期"是孩子从幼稚走向成熟的转折时期。从总体上讲，"心理过渡期"的各种心理现象，反映了少年儿童心理上的进步。从心理上依附于父母，到出现独立意向，这是重大的变化。当父母的要珍视子女的这一时期，正确看待这一时期，采取欢迎的态度。为此，对于孩子逆反心理的消极面，家长应根据孩子的心理特点，循循善诱，进行教育。家长更应看到逆反心理的积极一面，如因逆反心理出现的好奇心，是一种渴求认知事物的欲望，是求知的动力。逆反心理往往具有求异和思辩的特点，是孩子智慧的火花，创造的源泉，家长应留心注意，因势利导，促其成材。

许多父母都发现，不知从什么时候起，自己一向很乖的孩子突然不听话了，甚至还可能与父母"对着干"。你要东，他偏朝西；你要西，他偏朝东。"真奇怪，这孩子是怎么了，让他早点睡觉，他为什么偏偏要磨蹭到深夜？""告诉他不要跟隔壁那个坏小子玩，他偏要跟他混在一起！""从小就教他讲卫生，他死活就不肯洗澡，气死人了！""如今的孩子怎么动不动就离家出走？""这孩子是不是成心想把我气死？""让他好好学习，他却把自己关在屋里打游戏。"出现这种情形，父母越是恼火，越发训斥，孩子越是反感，导致父母与孩子之间的关系疏远。

更让父母伤心的是，孩子不但产生与长辈对抗心理，心里有什么话也不愿对父母说，对于父母的批评和劝导也听不进去，甚至产生厌恶情绪。他们不喜欢按照别人说的去做；认为绝大多数规章都是不合理的，应该废除；如果父母再三叮嘱同一件事会使他感到厌烦；对于那些与老师对着干的同学大加赞赏；认为父母的话有漏洞，父母的批评常常引起他们反感和愤怒；一旦决定做某件事，不管别人怎样劝阻也不会改变主意；越是不让他做的事，就越要去做。

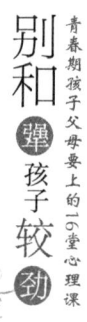

## 案例一：厌烦妈妈陪读，母子反目

小东是一名初二男生，从小就成绩优异，也很乖。可是上了初中之后，妈妈发现小东变了，不再像以前那么听话了，自己的事情宁可

跟同学讲，也不让父母知道，成绩也有所下降，还常常玩网络游戏、在网上聊天，学习完全被放在一边。妈妈开始担心他的学习成绩，为了儿子的学业，就辞职当了全职"陪读妈妈"，在学校附近租房和儿子一起住，一心扑在儿子身上。从生活琐事到学习的细节，都一一过问。可是妈妈的好心却换来了儿子的反抗，小东的反抗方式后来演变成不与妈妈说话，甚至扬言"再陪读就要离家出走"。现在，妈妈一开口还没说什么他转身就走，妈妈问学习、生活上的事也一概不答。最过分的是，当她想跟小东好好沟通一下，谁知没说几句话，小东就顶撞说："我就是不知好歹，不可理喻。"还在自己的房间门上用电脑打了几个字"请勿打扰"贴在上面，气得妈妈无话可说。

步入青春期的孩子，随着接触社会范围的扩大，知识面的增加，内心世界丰富了，形成了自己的价值观。在此时期，孩子心理上产生的最突出的变化，就是出现"成人感"，他们意识到"我已经不是小孩子了"，独立活动的愿望变得越来越强烈，他们一方面想摆脱父母，自作主张；另一方面又必须依赖家庭。但同时他们又不具备独立自主的经济基础和物质条件，他们想摆脱对父母的依赖，可自己又不具备充分的生活自理能力，他们想让成人把他们当做大人看待，可自己许多言行举止依然带有孩子气，以至于他们越是想摆脱父母，越是发现离不开父母的照料和帮助。这种渴求独立和现实依赖的矛盾，使孩子的心理上经常产生冲突、混乱和不安，为了消除这种矛盾冲突或求得心理上的平衡，他们常常以孩子气的行为方式对抗父母或成人，以显示自己不再是儿童。如：对父母的批评与责备，不管正确与否，都表现出愈来愈强烈的反抗情绪，故意与父母唱"反调"。同时，他们的反抗更多的是以潜在的形式出现，如对父母在生活和教育上的安排，采取不关心、不表态、无所谓的态度等。小东就是一个生动的案例。

孩子长大了，就不能像管理和教育小孩那样去对待他们，如果父母过分照顾或反复说教，命令，斥责，就会使孩子感到是对他的不尊重，不信任，因而表现出对立情绪和抗拒行为。孩子的反抗又引起父母的愤怒和不满，从而进一步去斥责孩子，而斥责越强烈反抗就越强烈，这样循环下去影响父母与孩子的感情，造成关系紧张。

有的父母对孩子给予的心理和物质的照顾过多，尤其是对孩子教育上的要求过多，超过了孩子所能容忍的程度，对孩子来说往往是一种被强加的、不正常的无形的压力，易于引起他们无谓的烦恼，也抑制了他们的独立性和完整个性的健康发展，易产生逆反心理。有逆反心理的孩子总爱跟父母作对，他们就是存心不让父母顺心。更有甚者，甚至离家出走。

第一课　叛逆：不是孩子的罪过

## 案例二：虚荣少年离家出走

章俊是一个富裕家庭的孩子，到了上学的年龄，父母为了他的前途，将他送进了一所住宿式的贵族学校读书。开始，章俊的成绩很好，可是，进入了初中之后，章俊开始从穿着上与同学们攀比，希望

自己的父母能给自己买些名牌衣服。但是章俊的父母对其管教甚严，没有满足孩子的这种心理需求，只是一味要求孩子努力学习。为了满足自己的攀比心理，章俊有时候会从家里偷钱给自己买喜欢的衣服。妈妈发现之后，便把他的衣服撕破，并对孩子采取严厉的惩罚措施。

章俊的成绩开始下滑，开始出入游戏厅，还经常和同学打架。为了让他的学习成绩跟上去，父母答应他，如果期中考试能考入前十名，就给他买一部他喜欢的手机。结果章俊果然考入了前十名，当他兴冲冲地朝父母要手机的时候，父母却又怕手机会影响他的学习，不但不给手机，还把他冷嘲热讽了一翻，说他考入前十名不过是侥幸。父母的失信和嘲讽让章俊觉得十分恼怒，在家，章俊与父母之间的关系也越来越差，既然父母不让他做自己想做的事情，他就有意不用功，让成绩一落千丈，明知这样做不对，他依然我行我素，他甚至喜欢看到父母不舒服、干着急的样子。由于父母对其进行更加严厉的管制，最后章俊离家出走。

>>>

据统计，全世界每年离家出走的青少年超过10万名。在我国，青少年离家出走现象也日益增多，各种关于青少年叛逆行为的消息也常见于报端。据统计，仅1992年1月3日一天，在广州火车站就截下了900名9-15岁的学生，其中大多数是弃学离家出走的，这一数字令人触目惊心。

苏联教育家费可夫在《和教师的谈话》中说过："请你不要忘记，孩子们受到不公平的待遇，特别是这种待遇来自一个亲近的人的时候，他的痛苦心情会在心灵里留下一个长久的痕迹。"一些家庭中不良的教育方式，直接影响着孩子逆反心理的形成。

章俊的家庭条件优越，父母对他的管教也因此非常严格。不但重视孩子的学习，也重视孩子的品格教育，所以不给孩子以名牌衣着来满足他的虚荣心，但章俊偷家里的钱买名牌衣服的时候，他父母不但把章俊的衣服撕烂，而且予以惩罚。由此对章俊的学习更是严加督促，最后导致章俊强烈反感。这是对孩子的向往不予以尊重。作为一个独特的个体他有权选择自己的生活方式，尽管这种生活方式对父母来说是最不情愿看到的。孩子的生活方式不危害社会，不损害道德和伤害他人。都应该予以尊重。

章俊父母的做法都没有考虑到孩子的心理年龄比较幼稚的特点，一味地拒绝孩子的要求，而不是在拒绝的时候给孩子解释，这样会让孩子难以接受。更不可取的是给了孩子承诺以后，孩子成功了，不但不对孩子进行奖励，而是挖苦嘲讽，极大地打击了孩子的自尊心。更为严重的是这种不兑现诺言的父母形象，会使孩子对父母的尊敬大大弱化，这本来是一个强化孩子继续努力的新起点，由于家长的处理不当，却成了孩

第一课 叛逆：不是孩子的罪过

子最终走向叛逆的转折点。

教育方式的简单粗暴或命令式、专断式等惯用的教育方法，以及在生活、学习等方面期望值过高，要求过严等，这些都无形地在孩子心理上造成一种压力，当这种压力不断积蓄、沉淀，孩子又找不到良策排解时，便在情感上对父母所进行的一系列教育、说教、劝说产生抵触，在情绪上不满，进而产生逆反心理。

当孩子反抗的时候，家长觉得这是对自己权威的挑战，或者认为自己是对的，就以真理者自居，不肯让步，用一言九鼎的命令式的态度压制孩子，即便是鸡毛蒜皮的小事都可能变成战争。这样的做法可能产生两种后果：一是孩子暂时压抑了自己，但是，一旦孩子在精神上、体力上有能力反抗时，就进行更大的挑战，直到父母屈服为止。二是孩子以自己委屈收场，这让孩子失去良好的判断力，形成一种奴性的人格，丧失了自信心、上进心而变得自暴自弃。

一些家长缺乏普通的心理学常识，对子女教育急于求成，方法简单粗暴，经常无视子女的兴趣与个人能力，也从来不顾孩子的自尊心和心理承受能力，孩子一旦不顺自己的心，不按照自己为孩子规划好的路线去走，就大发雷霆，甚至责骂、殴打孩子，使孩子感到孤立无援，产生叛逆心理。

## 案例三：新奇打扮刺激父母

小辉是个十三岁的男孩，聪明机灵，尤其喜欢电脑，家里电脑坏了，他小小年纪，捣鼓几下就好了。可是小辉的爱好却招来了父母的反对，父母每周都逼着他去学习奥数，钢琴什么的，希望他将来能考上名牌大学，过上上等人的生活，而不是当个电脑修理工。这让小辉很不高兴，又不敢跟父母顶撞，就偷偷地玩电脑，有一次被父母发现，把他狠狠地辱骂了一顿。小辉好几天没回家，父母到处找他，结果在一个同学家找到了他，看到他染了一头黄头发，黄头发中间又夹染几撮红头发，还穿着身上有很多破洞的新奇的服装，他知道父母无法接受他这个样子，但看到父母瞧见自己这般模样时的表情和表现出来的嗤之以鼻，他就扬扬得意，犹如自己打了胜仗一样。

　　中国长期的家长专制思想在一些家长中仍然存在，家长对子女的教育缺乏民主意识，总认为孩子还不成熟，要绝对服从自己，不能有自己的看法，否则就是"忤逆""对着干"，因此，许多孩子认为自己做错事后，最反感家长的指责，而对他们反感的原因是因为家长们盛气凌人，态度生硬。

　　许多父母为了将来自己的孩子能够出人头地，往往不考虑他们的兴趣爱好，强迫孩子学这学那，硬让他们去做他们一时还难以做到的事情。每个孩子的天分、发育水平、年龄和基础等因素各不相同，盲目地对孩子提出一些过高的、不切实际的要求。比如，要求孩子参加过多的课程，舞蹈、钢琴、绘画、外语、书法等，硬性地规定孩子的考试成绩，这些强人所难、揠苗助长的做法因为忽视了孩子们自身的素质和能力，往往结果适得其反，并且很容易引起孩子的对立情绪。长此以往，当孩子心力交瘁、再也无法承受这些压力时，他们就会奋起反抗。有的孩子为了抱复霸道的父母，就故意做一些父母不喜欢的事情。比如小辉就是以染黄头发，穿破洞衣服来故意惹父母发怒。

　　孩子的叛逆行为令父母头疼，但是，逆反心理并非一无是处，它虽

第一课　叛逆：不是孩子的罪过

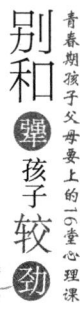

有妨碍孩子身心发展的一面，但也有很多正面效应。第一，逆反心理包含有许多积极的心理品质。孩子产生逆反心理，是其天性的自然流露。它从另一方面反映了孩子自我意识强，好胜心强，勇敢，有闯劲，能求异，能创新。现代社会充满竞争，迫切需要具有创造性思维、能开拓、能进取的人才。因此，父母要善于发现逆反心理中的创造性品质和开拓意识，并合理引导。只要引导得当，逆反心理是能够在现代社会发挥积极作用的。

第二，逆反心理在某种程度上能防止其他一些不良的心理品质的形成。逆反心理强的孩子，在不顺心的情况下，在愤懑、压抑、不满的时候，敢于发泄，他们不会让不愉快的事情长期滞留心中，他们不会让有碍自己身心健康的负面情绪长期得不到释放，他们不会有畏缩心理、压抑心理，他们也不会懦弱、保守、逆来顺受。他们以这种形式保持心理平衡，有时也能起到维持身心健康的作用。

因此，父母应善于发现逆反心理中的积极因素，并善加利用，而不应在孩子有逆反心理的时候，一味抱怨、恼火，甚至对孩子实行高压政策。

给父母的建议

◎ 耐心倾听——歌德说：对别人述说自己，这是一种天性；认真对待别人叙说他自己的事，这是一种教养。其实叛逆的孩子不喜欢别人的唠叨。但是他们自己却喜欢向人倾吐自己的心事。当父母与孩子交流时，无论孩子讲什么，家长一定要耐心倾听，了解孩子，才能对症下药。最好是非正式倾听，如：可以跟孩子去野外散步，或是跟孩子一起运动，那样彼此感觉会很轻松。当孩子充分表达意见后，家长应作出积极的姿态："你这个想法不错，要是再加一点或再改一点就更完善。"

◎ 让孩子认识世界——逆反心理反映在对命令和说教的反感。父母唯恐对孩子考虑不周，总是急于把自己的经验教训传授给子女。孩子既然想独立，就应该满足其独立的愿望，引导他自己照顾自己。让孩子自己经历生活的艰辛，经历各种失败和考验，用真实的体验来让孩子认识这个世界，培养孩子的独立意识。这同样也是一种学习方式，而且这种学习方式比说教更有意义。

◎ 爱和耐心——对孩子来说，特别需要足够的爱和关注，因此父母千万不要呵斥、贬低、急躁、打孩子、滥用权威、命令强迫孩子等，这会导致孩子的抵抗情绪，引发破坏性的攻击性行为。急躁的父母，应该提醒自己，保持冷静，也等孩子冷静，才进行沟通。孩子叛逆，言语和行为会有如暴风雨，不懂得控制自己。但成年人成熟，应该要懂得何时该保持冷静。

◎ 不直接说"不"——面对孩子的种种叛逆行为，家长切忌直接说"不"，因为这个字将直接激发起孩子的叛逆心：你不让我怎样，我非要怎样。而如果家长"不接招"，孩子首先的反应将变成疑惑，这就是解决问题的第一步。对于逃课的孩子，如果采取听之任之的方式，告诉他，你可以完全不需要学习。这时候，真正慌张的是孩子，他知道，如果不学习，第一个后果就是留级，留级生总是被人嘲笑，他比家长还明白。当孩子为此感到恐慌的时候，家长再施以援手，从旁指导，为孩子提供好的指导，进而开启父母和孩子沟通的大门。

◎ 不要拿自己的孩子跟人家的比——父母总是喜欢拿自己的孩子跟人家的比。其实这是个错误。每个人都是独立的自己。最重要的就是做一个独立的自我。更切忌拿自己孩子的缺点跟别人的优点比。那样会残忍地毁掉孩子的自信心。其实天生我材必有用，你怎么知道哪个孩子的未来更灿烂呢？

◎ 寻求意见——管教孩子，有时应该寻求别人的意见，如问周围有同龄孩子的朋友，如何处理类似的问题，或听讲座，找辅导员协助，让自己的思路更开阔。最好的办法是去寻求心理专家的帮助。

◎ 了解孩子——家长眼见孩子的兴趣会影响功课时，通常会即刻禁止。其实，最好能试着了解情况。例如，陪孩子去电子游戏中心，和孩子讨论他们的偶像，从旁提醒什么是应该学的，什么是不应该学的。进入孩子的内心世界，才能相处得更融洽。和父母相处融洽，孩子当然就不需要叛逆了。

◎ 改变教育方法——很多时候，对孩子的管教，是要时常改变方式的。例如，小时候只有父母讲，孩子听；上了中学后，就应尝试双向沟通，也听听孩子的建议。一旦发现某一种方法行不通时，随时转变方式，不断试验，直至发现有效的方法。

# 第二课

网瘾：

只为找到一个家

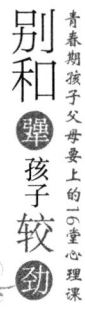

青少年心理课堂

1995年的某一天，居住在纽约的精神病学家伊万·戈德堡突然产生了开个玩笑的念头。看完被誉为现代精神疾病"圣经"的《精神疾病诊断与统计手册》第四版后，他决定模仿手册找点乐子。于是他杜撰了一种疾病。

伊万·戈德堡把这种疾病命名为"网络成瘾症"，虚构了其主要症状并把这些内容放在了自己的网页上。据他描述，患有这种疾病的人往往处于一种焦虑状态，会连续上网数小时，还会不由自主地活动手指去打字。

但他没想到，自己点燃了一根无法熄灭的导火索。他先是收到数十位认为自己遇到这种麻烦的人发来的信息。同年，心理学家金伯利·杨专门成立了一个网络成瘾康复中心。这件事还引起了媒体的关注，雪球越滚越大，大到了无法控制的地步。

通常意义上的网瘾是指上网者由于长时间、习惯性地沉浸在网络空间中，对互联网产生强烈的心理依赖，进而达到了痴迷的程度，难以自我解脱的行为状态和心理状态。

网络成瘾者无法控制上网时间，上网的时间比原定时间要长，每次想要减少或控制上网时间最终却以失败告终。他们关注自己的现实生活远远不如关注虚拟的网络世界。长时间连续上网会引发青少年"网络孤独症"和"忧郁症"等心理疾病。他们对外界缺乏相应的情感反应，对亲友冷淡，对周围的事物失去兴趣，严重时对一切都漠不关心，把与别人的交往当成一种可有可无的事情，变得越来越孤僻，造成个性缺陷。一旦离开网络，就会表现出消极的情绪和不良的生理反应。

青少年上网成瘾、沉迷游戏并不仅仅是他自身的原因，其所处的外界环境的影响同样很重要。家庭环境、应试教育机制和网络游戏开发企业都要承担一定的责任。青少年本身社会经验不足，没有足够的辨别和自控能力，面对着良莠混杂的虚拟网络世界，稍不留意就会沉迷其中不能自拔。

当然，戒除网瘾并不等于戒除网络，在现代信息社会，与网络完全隔绝的孩子会被时代抛弃。因此，家长、老师以及社会不能依靠隔离孩子来戒除网瘾，而是应该因势利导，找到一种既能让孩子受益于网络，又能避免长时间沉迷其中的解决之道。

当我有一天走进了虚拟的世界，我就再也找不到自己的方向。当别人给我带来关爱的时候，我却把他当做了一世的仇人。在魔幻的虚拟世界里，封闭了真实的自我，我没有了生命的色彩。

这是网络上流传的一首戒网瘾的歌——《网梦之歌》其中的一段，它描述了网瘾者的内心的迷惘和自责。

当初，科学家们开始使用互联网的时候，估计谁也不曾预料到网络成瘾会成为一个困扰全世界的社会问题。据信息产业部统计，仅仅我国的网瘾青少年便超过了600万，而我国首次有关青少年网瘾问题的调查报告则显示，青少年网瘾比例已经达到13.2%。另有13%的青少年存在网瘾倾向。

对于网瘾，家长和老师都深恶痛绝，视之为洪水猛兽。从本质上说，网瘾是一个心理学问题，网络成瘾是一种心理机制。

虚拟的网络世界和现实世界有很大差别，虚拟世界只是对现实世界的逼真模拟，这种模拟超越了现实时间和空间的限制，几乎无所不能。根据马斯洛的心理需求理论，人们具有生理、安全、交友、自

第二课　网瘾：只为找到一个家

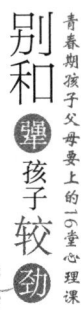

尊、自我实现等五个层次的需求，这些需求由低到高，低一层次的需求得到满足后，就会有较高层次的需求有待满足。大部分家长认为，只要为孩子们提供良好的衣、食、住、行等物质条件就足够了，而忽视了孩子们还有着其他更高层次的心理需求。患上网瘾的孩子，通常在现实生活中难以满足其心理需求，而这种心理需求可以轻而易举地在虚拟世界里得到满足。

比如，在虚拟的网络世界，人们都处于匿名状态，可以畅所欲言而不必承担任何后果，观点越是新、奇、特，得到的反响就越大、回应就越热烈，在这个世界里，许多孩子可以充分展现自我、实现自我。与现实世界相比较，这种满足是低成本的。

在网络世界里，一个人可以同时与很多人不限时空地进行交流。在现实社会中性格比较内向、生活缺少关爱的孩子，深感孤独和无聊，在网上却可以很容易地交到很多朋友，可以毫无保留地说出自己的烦恼，充分满足其交友和自尊的需要。如果遇到困难，还会有很多人献计献策，使他们感受到现实生活中体会不到的温暖。

很多孩子因为学习成绩不好，经常遭到家长的斥责、老师和同学的轻视。而他们在网络游戏中，却可以很容易就成为"盖世英雄"或"商界奇才"。因此，上网打游戏，不断"练功升级"，就成为他们找回自尊的快捷途径。

网瘾问题的根本，在于虚拟世界和现实生活的巨大反差。网瘾问题表面上来自虚拟世界，其根源却存在于现实生活之中。从心理学的角度来看，趋利避害、寻求快乐是人类为了保护自己、更好地适应环境而形成的一种心理机制。在这种意义上，患上网瘾的孩子只不过是为了到虚拟世界里去寻找现实生活中很难得到的温暖与重视。

## 案例一：得不到关爱，沉溺于网络世界

小姜从小学到初中成绩都非常优秀，在家是父母的骄傲，在学校是老师乃至全校的焦点。但是进入高中后，由于刚开始不适应学习环境，成绩逐步下降。一向以他为自豪的母亲开始对他失去耐心，动辄暴跳如雷地训斥他。甚至觉得儿子为自己丢脸，再也不让儿子来自己单位。小姜无论在家还是在学校都不再风光，到处都受到冷遇，心理很失落。于是从高中阶段，他开始频繁接触网络。母亲发现后，当着全家人的面把小姜痛骂了一顿，骂他不争气。小姜越来越不想学习，后来就瞒着家里到外面上网，开始沉迷于网络游戏。

青少年的生活尽管比较单纯，但也存在各种各样的社会关系，亲子关系、师生关系、同伴关系等，都需要很好地处理。网络成瘾的孩子，通常不善于人际交往，常常在各种关系中遇到挫折，因此就转向虚拟的网络世界寻求帮助。现实世界中的他们，难以面对各种各样的人和事，

没有朋友，没有被读得懂的人，而在网络世界中他们却有可能是所有人的焦点。

同时，网络世界对于充满好奇心的青少年也存在很强的吸引力。网络空间里到处都是新鲜事物，而且在不断地增加着。因此对喜欢新鲜事物的青少年有着无限的吸引力，这种吸引常常会导致青少年对网络的极度迷恋。

## 案例二：难挡诱惑，误入网络迷途

十六岁的洋洋，是北京市一所重点高中一年级的学生。迷上网络是在中考结束的暑假里。洋洋的父母是国企的普通职员，虽然文化水平不高，但是平时对女儿要求很严格。中考结束后，难得有一个没有作业的暑假，父母没有对女儿约束，想让她放松一个月，然后以良好的状态迎接新的高中生活。

这一个月内，洋洋常常被几个同学带到网吧去打联机游戏，通常都是很晚才回家，甚至有一两次在网吧玩通宵。因为是和自己熟悉的同学在一起，这种情况并没有引起洋洋父母

的重视，对洋洋的这种行为也没有多加管束，他们以为开学后女儿自然就会像从前一样自觉地学习和生活，假期里放纵一下也没什么大不了。

然而开学以后，洋洋并没有像往常一样正常地学习，她常常逃课去上网。她父母这才意识到问题的严重性，对她进行规劝和教导，但是每次的效果并不好。过不了几天，她就又会忍不住偷偷地跑去网吧。虽然她自己也知道这样下去会严重影响学习和生活，可就是没办法控制自己，只要一天不上网，她就会觉得失落、烦躁、寝食不安。

据中国青少年网络协会提供的数据，目前，城市上网小学生比例为25.8%，初中生为30%，高中生为56%。据统计，患网络成瘾的青少年网民高达10%~15%。网络是把"双刃剑"，运用得当能为青少年的学习和成长带来很多的便利，运用无度则能无情地摧残青少年的身心健康。为上网而逃学、离家出走甚至抢劫的事件也屡屡发生。面对孩子沉迷网络不能自拔，有些家长的处理方式简单粗暴，非打即骂，结果导致孩子要么叛逆反抗，要么自暴自弃；而有些家长企图用眼泪感化孩子，却收效甚微。

孩子上网本身并没有错。家长首先要理解和接受孩子的上网行为，然后才能引导他们正确地使用互联网，最后孩子自己就能健康上网。对待网瘾，家长和教师要循循善诱，及时矫正、调适，尽量寻求心理医生的帮助，千万不能空讲道理，更不能一味地发脾气或放弃孩子，甚至采取更极端的解决方式。

第二课 网瘾：只为找到一个家

## 案例三：母亲跳楼为唤醒网瘾儿子

2010年初，一则新闻引起了社会的广泛关注：为唤醒沉迷网吧的十三岁儿子，一位母亲竟然从四楼跳下摔成重伤。

小兵的父亲在一家民营企业打工，母亲卖早点，平日里都只顾忙着挣钱，很少照顾到孩子。等发现小兵上网成瘾的时候，父母也多次说教，甚至动用暴力，但都是无济于事。每次过后，小兵好不了几日。只要一拿到钱就去网吧，甚至把吃饭的钱也省着去网吧上网。还经常编谎话欺骗家人，早晨五点多就出去，说是去学校训练，结果拿了钱就直奔网吧。

出事的那天小兵的母亲把儿子从网吧里找回，回家后两人争吵起来。母亲为了给孩子教训，当场从四楼跳了下去，全身几处粉碎性骨折。突如其来的家庭变故给小兵造成了很大的心理阴影，甚至上学的路上都会迷路。

身处网络社会，孩子喜欢在网上聊天、玩游戏也在所难免。如果强行禁止他们接触网络，只会激起他们的逆反心理，效果适得其反。倒不如因势利导地适当转移一下孩子的兴奋点，效果会更好。

其实，网络游戏就像孩子们常玩的过家家、跳皮筋一样，只是一种游戏方式。孩子们可以通过游戏建立一个同现实生活中相类似的人际关系网络。而网络游戏建构的是一个虚拟世界，在游戏中可以扮演任何一个自己希望扮演的角色。在网络游戏中，同样有积极的因素，比如诚信、公德和友爱等这些规则在游戏世界里一样存在。游戏中的价值观通常是现实生活中价值观的直接反射。从这方面来说，网络游戏也是有一定的积极意义的。

如何评价一个孩子是否有网络游戏成瘾，取决于他们在游戏上花了多少时间、对游戏的依赖程度是否影响到他的生活能力。

对于那些迷恋网络游戏的人来说，他们通常把生活的全部精力或者大部分精力用到网游中，把网络世界当做了逃避和发泄的渠道。

## 案例四："超级妈妈"帮儿子戒除网瘾

在新疆乌鲁木齐市，有一个"超级妈妈联盟"，她们为了将自己的孩子从网瘾的泥沼中拯救出来，自发成立的一个民间组织。"超级妈妈联盟"成立以来，受到各方关注，现已闻名全国，甚至还有澳大利亚、美国和日本的新闻媒体也关注这群超级妈妈。

"超级妈妈联盟"的发起人程秋杰女士当初创立这个联盟时候，曾有过一段不堪回首的苦涩记忆。

程女士的儿子小龙从小就好动、调皮，在幼儿园时就常常因为不遵守幼儿园的规矩而受罚，上了小学也是一个不受老师喜欢的学生。失去对学习的兴趣和对老师的信任后，本来聪明的他学习成绩一路下滑。到了小学六年级，常常逃学去网吧玩游戏，他几乎把所有流行的电脑游戏都玩了个遍。他还经常在网吧过夜，一玩几天不回家。

为了不让孩子沉溺网吧，程秋杰一直苦口婆心地教育他，但一点作用也没有。几乎每天晚上，她以自己家为中心，对周围的网吧展开地毯式搜索，而且搜索范围越来越远，这就是前两年她每晚必做的工作。

无可奈何的程秋杰辞了工作，专心教育孩子。她开始平等地和儿子沟通交流，和儿子一起玩游戏、学习，注意从意志和品德上教育和启发儿子，儿子稍有进步就大加鼓励和赞扬。在她的努力下，儿子的自信心开始恢复，与家长的对抗情绪逐渐消失。学习和生活也逐渐回到正轨上来。

通过儿子，她又认识了许多类似小龙的上网成瘾的孩子。于是，程秋杰联合十几位妈妈在乌鲁木齐成立了一个叫"少儿兴趣研究开发中心"的组织，并到民政部门办理了相关手续。她们约定：依靠自己的力量，重新认识孩子，为他们创造良好的环境，让他们健康快乐地成长。"超级妈妈联盟"就这样形成了。

通过大家相互交流、学习，现在妈妈们已经不再对网吧憎恨得咬牙切齿了，几乎都给孩子买了电脑，安装了宽带，引导孩子上网了解健康信息和游戏。每天晚上十点以后，她们还固定上网交流教子体会，并建立了自己的博客。

从与孩子们的交谈中，程女士发现孩子们在玩游戏时容易获得较高的级别，容易被同伴们追捧，得到同伴们的肯定、夸奖和求助，其实从这一方面使孩子的自尊心得到了一定的满足，这也是孩子沉溺网吧的一个原因。

程女士为了多了解儿子，也自己尝试了一些网络游戏。在亲身体验后，才发现网游很锻炼协调能力和观察能力。她建议游戏开发商可以开发一些适合孩子的网络游戏，少一些暴力血腥。因此，戒除网瘾最重要的是应该首先净化网络，健康上网，让更多的"绿色网吧"引导广大青少年正确使用电脑和网络，还电脑、网络作为学习、工作工具的本来面目。

给父母的建议

◎给孩子足够的爱和关怀——许多孩子上网成瘾是因为在家里得不到父母的重视和关心。父母对孩子的态度不是简单粗暴，就是过分溺爱，不能真正和孩子进行心灵的沟通，使孩子的爱与需要得不到满足。而网络却能满足他们被爱的渴望，安全感的需求，轻松快乐的感觉等等。因此，家长要在平时多和孩子交流，在沟通中分享彼此的感受，明白彼此的需求，才能建立起亲子间良好的信任感，这样孩子在遇到烦恼

第二课 网瘾：只为找到一个家

与困惑时，能够首先想到父母的支持，而不是逃避于网络。家长也可以让孩子参与到家庭事务中来，培养孩子的责任感和对家庭的情感依赖，使他们即使在家庭中也能感受到自己的价值。此外，家长还可以跟孩子一起玩网络游戏，取得孩子的信任，也能和孩子有共同语言。这样不仅能有效地控制他的游戏时间，还能了解他的交友情况。

◎注意培养孩子的兴趣爱好——孩子沉迷网络游戏的另一个重要的原因在于没有多方面的兴趣爱好，学校是他们的主要活动场所，大都背负着沉重的功课压力。很多学生为了逃避功课的重压，沉浸于网络最后不能自拔。作为家长，有义务因势利导地转移孩子的兴奋点，比如练书法、画画、登山、打篮球或者踢足球，在丰富孩子课余生活的同时，减轻孩子的学习压力，同时还能很好地减少上网的时间和程度。

◎制定合适的上网规定——未成年人的玩心重，作为监护人的家长有必要适当地限制一下孩子的上网时间，最好能和孩子达成协议。比如每周最多2—3次，每次上网连续操作1小时后应休息15分钟，每天上网总量一般不超过2小时。尤其是晚上剩余时间多，上网时间不能过长，养成按时睡觉的良好习惯。还要按时下网，上网之前，根据任务量限定上网时间，时间一到，积极进行心理暗示，马上下网。另外，最好不要将电脑放在孩子的卧室，应放在客厅或者父母的房间。这样在很大程度上可以限制他的上网时间和浏览的内容。

◎对孩子多一点耐心——出现网瘾的孩子，经常伴随厌学、学习困难、学业成绩不佳等情况，学习上的压力和挫败感使他们在现实的学校生活中往往失去自我价值感，自卑，孤独，看不到生活的意义和进取的动力，沉溺于网络实际是一种自我放弃，自我麻醉和对责任的逃避。因此，作为父母，面对学习困难，要有充分的耐心，不急躁、不责骂，点滴的鼓励就能使他们树立难能可贵的进取心，并逐步体会到学习的乐趣和学业的进步。

◎寻求专业心理机构帮助——作为家长一旦发现孩子出现网瘾症状，如果自己本身没有能力帮助孩子成功戒除网瘾，可以找正规的心理咨询师进行咨询，同时也可以参加团体心理训练，这是戒除网瘾的又一种有效的办法。团体训练通过丰富多彩的群体互动活动，对孩子产生感染和促进作用，容易帮助孩子改变认知，改变心态，获得思想上和心理上的提升，同时学会制定自我管理的行为契约。

◎安装绿色软件——家长可以给孩子的电脑装上绿色上网软件，这种软件可以屏蔽掉一些不良网页，系统还会及时报警，发送手机短信或e-mail通知家长。但是父母在安装这些软件之前，必须经过孩子的同意。同时，父母要给软件设置密码，密码不让孩子知道，以免孩子把软件卸载。把软件设置为开机自动运行的模式，保证孩子一开机，就处于绿色软件的保护之中。

# 第三课

沉默：

懂得听，孩子才会说

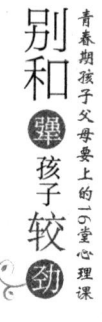

青少年心理课堂

儿童的沉默寡言是指孩子不爱说话，经常无缘无故地少言寡语，其实质是人际交流障碍，而非语言功能障碍。虽然许多语言应用方面的研究显示，人际关系的好坏与话语的多少并没有绝对的关系，但如果孩子明显地缺乏语言表达能力，不能清晰地表达自己的意思，难以和别人进行正常的交流，即便态度诚恳，但是也很难让对方理解，甚至产生不必要的误会。因此，过分的沉默值得家长和社会关注。

导致孩子沉默寡言的原因大多来自家庭。一方面，在语言发展阶段，得不到适应的发展机会。另一方面，家庭氛围经常缺乏言语交流，父母之间、父母和孩子之间都不常进行语言沟通。青少年如果长期缺乏语言表达的机会，就会不懂怎么表达自己的想法，在以后的集体生活中不能很自然或者清晰地表达自己的意念。如果孩子天性不爱说话，父母可以进行适当引导，让孩子多接触外界，增强孩子的交往能力，使孩子在成长的过程中不断发展完善自己的语言能力。

青少年在成长的过程中，开始有自己独立的想法，当有些事情不愿意和父母进行交流的时候，沉默就是他们表达自己的方式。父母遇到这种情况通常都表现出焦虑情绪，总想弄明白孩子心里到底在想些什么，会不会有些不可告人的秘密，对他的学习又有什么影响。但往往问得再多，孩子也都是用沉默来应付。

其实青少年在家里的沉默，拒绝和父母交流，更多的是反抗父母的权威，也是孩子为了表现自己已经长大成人不想再依赖父母的一种表达方式，这个时候，父母可以给孩子一个自由的空间，以更多的宽容和理解对待孩子，让孩子平稳度过这个沉默期。

当家里来客人时，他躲在房间里不肯出来，继续摆弄自己的玩具；当在外面遇见长辈时，他低着头侧身绕过，窘得脸红到了脖子根；当询问他一些问题时，他要么置若罔闻，一声不吭，要么迅速地转换话题……

我们常说"沉默是金"，但是有很多家长就是由于孩子的沉默寡言而烦恼不已。有的家长说自己的孩子在整个暑假中几乎不跟父母说话，不管父母跟他说什么，总是爱答不理的，有时几天也不说一句话，但是一接到同学的电话或者上网，都有说不完的话。

他们不能理解为什么孩子有什么心里话不和自己最亲的父母说，却和刚认识没多久的人有着说不完的话。柔声细语的关怀却换来冷漠的面孔和无言的反抗，这些孩子到底是怎么了？该怎么样才能和这样的孩子沟通？

作为父母，你或许因为孩子缺乏很好的自我表达能力而担心，你也许做了很大努力来营造良好的亲子关系，但是却发现很多努力都是白费。而孩子则认为家长总是把他们当成小孩子，无论他们说什么话、做什么事，总是得不到父母的支持，父母都会认为很幼稚，和父母没有共同语言，而和同龄人交往，就很容易产生共鸣，时间久了，自然就不想和父母聊天了。

有些家长虽然知道沉默对孩子有害无利，但是他们多半认为是因为性格内向才不善于交流，因此就期盼着随着孩子年龄的增长，情况会有所改变。事实上，这种愿望往往会落空，孩子沉默的原因有很多种，如

果不及时弄清楚孩子不说话的具体原因，就很可能错过纠正孩子语言发展的关键时期，只是消极地期待孩子自己会改变，几乎是不可能的。

## 案例一：电视陪伴长大的沉默少年

小祝是初中二年级的学生，在班级里他比较引人注目，他的引人注目不是因为学习成绩或调皮捣蛋，而是因为他的异常的沉默。他有时一整天在教室里都不说一句话，甚至别人问他上百句话他仍可以用"哦"来对答；在父母面前照样低头不语，但是如果有人得罪了他哪怕老师合理的批评建议，他都反应很激烈，用铁青的脸色无言地反抗着。

在家里，小祝的教育问题主要由爸爸负责，妈妈则只关注他的日常饮食起居。但是爸爸常常工作很忙，几乎没有时间静下心来和小祝交流他的学习和生活状况。因而，小祝的课余时间几乎都是在电视前面度过的，即便白天在学校里，也很少和同学们玩，长此以往，学习成绩也逐渐下降，性格也变得越来越孤僻，越来越沉默，完全将自己与外界隔离开来。

小祝在小学六年级的时候，曾经有一次离家出走的经历。原因很简单，就是一次考试成绩不好，爸爸批评了他，长期缺乏和父亲沟通的小祝觉得爸爸既然平常不关心自己，那么现在就没有资格批评自己，于是就离家出走，后来在民警的帮助下，才将他找了回来。自此以后，只要有人惹他不高兴，小祝就给人脸色看，完全不考虑别人的感受，最后越来越孤僻、沉默。

‥‥‥‥‥‥‥‥‥‥‥‥‥‥‥‥‥‥‥‥‥ >>>

冰冻三尺非一日之寒，小祝的问题不是一天两天形成的，而是长期待在冷漠的家庭氛围中逐渐形成的这种个性。

相关专家表示，很多在童年时期缺乏父母关爱的孩子，在到了初中、高中的时候就会出现心理问题。孩子之所以成为性格古怪的儿童，与长期缺乏父母关爱有很大关系。很多家庭由于父母忙于工作，很少抽出时间陪孩子，与孩子之间缺乏必要的交流，这对于性格形成中的孩子是很不利的。孩子从小生活在孤独的环境中，缺少父母的关爱，这种环境中产生的心理阴影可能就是孩子性格缺陷的罪魁祸首。

良好的家庭环境是培养优秀儿童的根源，父母应该成为孩子成长过程中的帮助者。美国的考科斯博士曾经为父母们如何帮助孩子提出了实用的建议：

◇ 关爱：这是最为重要的一条。父母再忙都要抽出时间，关心孩子，留意孩子的思想和语言发展，并让孩子感受到你的关爱。

◇ 体谅孩子：设身处地地思考孩子的需要，体会孩子的想法，尊重孩子。

◇ 言传身教：当家长向孩子描述我们期望他做的事情时，应该清楚地解释原因，不仅要向孩子说明"是什么"，还要阐明"为什么"。父母常常是孩子的最直接的模仿对象，因此，在这个过程中，父母要尽量少说教，多示范。

◇ 父母之间相互协调：在一个完整的家庭里，父母之间的和谐相处，共同为建设家庭而努力非常重要。父母的相互协调，他们形成的合

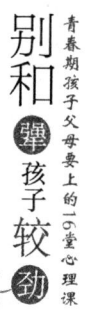

力不仅会在孩子教养方面形成联盟，而且会使孩子认识到相互尊重的重要性。

◇ 与学校形成良好互动：学校是青少年重要的学习和社交场所，学校和老师在塑造孩子自我意识与社交能力方面起着重要作用，而大部分家长没时间经常到学校去，因此应该和老师经常沟通，形成良好的互动。

◇ 选择合适的学校：父母要尽可能地了解孩子将要就读的学校的各个方面。比如：学校的课外活动开展情况，学校是只注重学生的成绩还是全面发展等等方面。

相关专家建议，如果孩子表现出对父母视而不见，不愿与父母说话，或对父母充满敌意，在学校里不愿与老师和同学交流等现象，这说明孩子已经出现了冷漠孤僻的苗头，家长对此不能忽视。

## 案例二：不断受伤害的沉默少女

小田今年11岁，在她很小的时候，父母就离婚了，她跟随父亲生活，后来父母双方都重新组建了自己的家庭。父亲脾气暴躁，平时由于工作原因也没有太多心思管她，当考试成绩不好或者做错事的时候，父亲往往不问青红皂白，对她暴打一顿，还经常骂她没出息，是他的累赘。因此小田从小就很胆小，话语也不多，遇到生人的时候能躲就躲，经常 个人喑自哭泣。

在上小学二年级的时候，小田的班主任脾气比较暴躁，经常对学生进行体罚。一次小田因为背不出单词，当场就被老师把耳朵拧出血，回家后也不敢告诉家长，后来母亲偶然发现，再三追问下小田才说出是被老师拧的。小田的家长找到校方进行协调，但是却被老师记恨在心，后来多次找小田的错误。

从此以后，小田在学校更是一言不发，在小学的几年内都没有和老师、同学说过一句话。

后来，为了让小田得到更好的照顾，父亲将小田送到妈妈那里。在母亲的悉心照顾下，小田的状况有所好转。但因一次母亲和继父的激烈争吵加重了小田的病情，以后不敢和继父在同一个饭桌上吃饭，问话一律不回答，见到家里有外人来，马上躲起来。逐渐地，母亲也对她失去了耐心，开始经常训斥她，终于有一天，小田忍受不了，离家出走。后来经过民警的几天寻找才找到，但是她怎么都不肯回家。

∙∙∙∙∙∙∙∙∙∙∙∙∙∙∙∙∙∙∙∙∙∙∙∙∙∙∙∙∙∙∙∙∙∙∙∙∙∙∙**>>>**

离婚对于感情破裂的夫妻双方来说，或许是痛苦的结束，新生活的开始，而如果双方处理不好与孩子的关系，那么夫妻的分手，对孩子来说就是灾难的开端。孩子心灵的成长受家庭环境影响很大，著名的儿童教育家陈鹤琴曾说过："环境好，小孩子就容易变好，环境坏，小孩子就容易变坏"，可见环境对孩子的成长起着多么重要的作用！父母长期的争吵、离婚都会在孩子的生命中留下很深的印迹，对孩子心理的发展影响很大，很多心理问题都可以追溯到这个根源上来。

医院精神科医生认为，小田患上了儿童选择性缄默症。小田之所以会越来越沉默，根本原因是因为父母离异给她带来的伤害，而上学时受到老师的体罚则是她情况恶化的导火索，而受父亲的粗暴打骂，以及母亲和继父争吵的刺激，情况就变得更加糟糕，继而产生了精神问题。

美国相关专家总结出了五个此类儿童的特征：

◇ 在需要语言交流的场合，不能顺畅地说话，而在另外一些环境则表现正常。

◇ 这种情况持续时间不少于一个月。

◇ 在生理上，没有语言障碍，也没有因在不同语言环境中产生的言语问题。

◇ 是由于重大变故（如入学或转学、搬迁、家庭变故等）影响到生活所产生的。

◇ 之前没有如精神分裂症之类的生理或心理疾病。

专家建议，如果想要改善这类儿童的精神状况，首先要取得孩子的信任，给他们稳定和安全的家庭氛围。要尽量避免对他们的各种精神刺激，同时培养兴趣爱好，多带孩子接触大自然，开阔视野，引导孩子心胸豁达；经常鼓励他们积极参加集体活动，并勇敢地当众回答问题，表现自我，逐步消除紧张情绪和恐惧压力。当孩子开口说话时，家长要及时给予鼓励，用孩子比较喜欢和需要的东西作为奖励，给孩子正面的肯定，强化他的语言表达能力。

还要积极和学校建立联系，争取为孩子创造一个轻松愉快的生活学习环境，帮助孩子建立起和谐的同学关系，激发孩子人际交往的兴趣。

## 案例三：初二男生与父母无话可说

丁丁是一名初二的男生，自从上了初中，他与父母之间的关系越来越冷淡，最近几乎有一个多月，都没怎么和父母说话，即使有一些非说不可的话，也都是只言片语，敷衍了事。有时父母想了解一下他的学习状况，总是什么也问不出，眼看就要初三，面临中考，父母对他的情况根本不了解，现在提起丁丁，父母都很苦恼。

而对于丁丁来说，情况也好不了多少。自从上初中以后，父母骤然开始紧张起来，为他的衣食住行忙里忙外，为他的学习天天操心。可是，父母越是这样无微不至地关怀，丁丁觉得跟父母的距离越远。甚至从小乖巧的丁丁开始跟父母"冷战"起来。

丁丁内心也非常苦恼，他觉得父母根本不了解自己，有时候想跟父母聊一些社会上的事情，发表一下自己的看法，父母就对他说小孩子什么都不懂，并表示出对丁丁观点的不屑。在丁丁的内心里，他已经是有独立思想的大人，每次最讨厌父母将他当做什么都不懂的孩子。于是，跟父母之间的共同语言越来越少，最后就无话可说。

父慈母爱、儿女和谐，这样的幸福家庭人人羡慕，但是在现实生活中，这种幸福的场景却屈指可数。随着孩子年龄的成长，家长望子成龙的心态日益显现，孩子学习的压力日益加重，父母之间的焦点逐渐集中到成绩上，除了成绩，一切都是无意义。日日疏于沟通，终于导致了亲子关系的危机。

不同时代的人，往往会因为价值观、生活理念不同而产生代沟。这种代沟在很多现代家庭中都普遍存在，而随着社会发展的加速，现在这个代沟越来越深。很多家长发现自己的孩子和父母之间的语言交流越来越少，自己多年如一日为孩子付出却被孩子认为理所当然，甚至换来孩子的反抗。

事实上，这种亲子之间出现的问题，原因在于双方，相关专家认为，现在家长、学校和社会对孩子的情感教育往往存在一些误区，只要走出误区，亲子之间沟通起来就会畅通无阻。

现代家庭中，物质条件已经不是限制，孩子的物质需求基本都能轻易地得到满足。而独生子女家庭中，父母通常会对孩子照顾得无微不至，任劳任怨，长期如此，这种教养方式给孩子传递一个错误信息，让孩子觉得父母为他做的一切都是理所当然的。

每个家长都会有望子成龙、望女成凤的心情，于是将自己未完成的人生理想寄托在孩子身上，自己的全部精力也集中到孩子身上，让孩子感觉到自己没有自由空间。很多时候，家长对孩子期望值太高，往往会导致孩子的逆反心理。事实上，很多学习成绩好的学生并不是家长逼出来的，而学习不好的学生也并非不优秀。作为父母首先要信任和理解自己的孩子，平时多注意培养孩子某个方面的天分，不要将注意力放在孩子的学习成绩上。

此外，很多家长总是把孩子看成自己的私有财产，以为自己养育孩子，孩子理所当然地要听命于父母，对孩子缺乏应有的尊重，导致和孩子之间的关系越来越紧张。苏联教育家苏霍姆林斯基曾指出："儿童的尊严是人类心灵里敏感的角落，保护儿童的自尊心就是保护儿童前进的潜在力量。"因此，面对自我意识越来越强的孩子，父母要懂得尊重孩子，注意保护他们的自尊心。

影响孩子不爱说话的原因有很多种，但是基本都是产生于家庭环境中。儿童期和青春期都是孩子生理、心理快速发展的时期。随着每个发展阶段的到来，新的挑战也接踵而至，孩子需要掌握新的技能来迎接挑战。作为孩子成长的后盾，父母应该随时注意孩子的心理变化，及时引导他们渡过难关。

◎要学会尊重孩子——随着年龄的成长，青少年的自我意识逐渐增强，面对孩子强烈的自尊心，父母一定要小心翼翼，学会尊重孩子，不要轻易嘲讽、打击孩子的自信。英国的家长多采用平等、民主的方式，用商量的口吻和孩子进行沟通，让孩子感觉到父母不是高高在上，而是有一种亲切感，他们就会敞开自己的心扉，坦诚地面对父母。

◎学会耐心倾听——懂得听，孩子才会说，没有耐心的听众，任何人都不愿意诉说。成长中的孩子虽然思维比较活跃，但是一些想法还很不成熟，言语的表达也不尽善尽美，很多时候，孩子啰里啰唆地说了一大堆，还没说到真正的问题上，有很多想法也很幼稚，这个时候的孩子最需要耐心的倾听和不断的鼓励。如果孩子在说的过程中，父母表现出不耐烦或者嘲讽的意思，孩子的内心就会受到打

第三课　沉默：懂得听，孩子才会说

击，感到得不到大人的理解和支持，久而久之，就不愿意再和家长进行交流。

◎要了解孩子的世界——社会在不断发展，孩子的娱乐方式以及交往方式都在不断变化。虽然每个父母曾经是孩子，但是由于时代不同，现在的孩子与当年已经发生了很大变化，家长不要拿自己的当年和现在作比较。而是要主动了解这种变化，主动深入孩子的世界中，接触孩子经常接触的东西，跟上孩子的步伐，让孩子感觉家长可以作为朋友，孩子才会产生和父母交流的意愿。

◎要多抽出时间和孩子交谈——只有通过谈话，家长才能真正理解孩子的内心想法。很多家长只关注孩子的学习成绩，每天的课余时间都让孩子埋头读书。虽然同在一间房子，但是一个忙于作业，一个忙于家务，很少有交谈的机会，即便说话，也是流于表面的日常琐事。有时孩子想和家长说说学校里的趣事，或者同学的情况等，家长却认为是浪费时间而拒绝交谈，长期如此，孩子就慢慢失去和父母沟通的欲望，家长也就再也听不到孩子的心里话。

◎给孩子制造表达的机会——对于不爱说话的孩子，家长可以多鼓励、多表扬，比如，让他独立地去买东西，多与陌生人接触，并及时进行表扬。与老师沟通，让他多在课堂上发言，多表现自己。在这个过程中，家长要鼓励孩子不要害怕出错，多给孩子锻炼的机会，孩子就会有很大的变化。

◎用平等的态度对待孩子——进入青春期的孩子，通常都自认为自己已经不再是孩子，往往会要求与父母平等对话，作为父母，要让孩子感觉到自己是家里平等的一员。其次，父母要设身处地地为孩子考虑，想想当年自己处于这个时期的想法如何，当时希望自己的父母如何对待自己，现在就用什么样的态度对待孩子。当孩子遇到问题时，要帮助孩子一起解决问题，决不能将自己放在领导者的位子上，板起面孔教训青春期的孩子。

◎让孩子有话可说——家长要为孩子提供一个良好的家庭氛围，让孩子觉得有话可说。比如经常启发性地问问孩子学校里的生活学习状况，聊聊当前比较热点的新闻等等，不能一进家门就开始做自己的事，让孩子自己打发时间。在孩子说错话或者做错事的时候，家长不要一味地指责，而是要帮助孩子进行分析，找出原因，加以弥补或改进。

◎增强孩子的"他人意识"——沉默寡言的孩子往往是因为沉浸在自己的世界里，无视周围的人和物。这个时候，要让孩子暂时把自己的感受放在一边，考虑他人的实际情况，让他感受到除了自己，还有形形色色的人类个体，而在和不同人交往的过程中，会产生愉悦的心情，提高孩子交往的意愿。即便是交往中出现分歧，也没什么大不了，本来不同的人就会有不同的想法，或许对方的观点还能带来更多的启发，何况小小的事情很快就会过去。

# 第四课

孤僻：

孩子最需要温暖

青少年心理课堂

　　孤僻是我们常说的不合群，指不能与人保持正常关系、经常离群索居的心理状态。性格孤僻是个体与他人及周围环境之间缺乏沟通和了解时所出现的一种性格特征。孤僻的人一般为内向型的性格，通常沉默寡言，表情平淡，不愿和他人接触，喜欢独来独往，待人冷漠。有时会厌烦、鄙视周围的人，对其他人存有很强的戒备心理。孤僻的人通常猜疑心很重，常常感到孤独、寂寞、空虚。

　　孤僻的孩子往往会进行自我封闭，将自己与外界隔绝开来，很少或根本不参加集体活动。自我封闭的人都很孤独，没有朋友，害怕社交活动，是一种环境不适的病态心理现象。据一些学者推算，我国目前有30万—50万儿童患有孤独症，或性情孤僻。在中学生群体中占5％—8％。

　　患有孤僻症的人通常有三种典型的特点：较差的人际关系，孤僻的人通常躲避在自己的思想内，不愿或者不敢和他人进行交往，因此很少有朋友；他们可能有行为或者语言；这类群体常常对声音和其他感官刺激作出异样反应。

　　人是群居动物，因此，心理学家认为，良好的人际关系能让人感受到安慰和依赖的感觉，一个人如果长时间不与人交往，没有志趣相投的朋友，性格就会变得孤僻，精神上就会感到苦闷和压抑。

　　形成孤僻性格的原因有很多种，有的因为家庭成员的影响，有的是自卑或自负心理导致的后果。青少年更容易形成孤僻的性格，身体生理方面的急剧变化和自我意识的增强，他们对自己、对周围的人和事物有了新的看法。如有的青少年认为自己已经长大成人，为什么父母仍将自己当小孩子看待？当对别人说出心事的时候，为何得不到理解？本应飞扬的青春为何充满苦恼，单调的生活、繁重的学习压力什么时候才能有所改变……这些问题困扰着青少年，如果不能及时加以引导，就会形成孤僻的性格。

孤僻的学生往往自卑感强，自信心弱。孤僻的学生在集体中必定感到孤单，从而产生不良情绪。因此，作为家长，要及时地了解孩子在想些什么、关心些什么，这样才能找到与孩子的共同话题，才能和孩子进行深入的交流，打开孩子的心扉，提高孩子自信心，早日走出性格孤僻的阴影。此外，家长还可以适当地让孩子参与家庭劳动，提高孩子的动手能力，让孩子在家务劳动中增强和家人的情感互动。

有这样一个关于一只孤僻狗的寓言故事：有一只孤僻狗，从来都是独来独往，不和任何一个同类接触。一个偶然的机会，它进入了一个四壁镶满镜子的房间，它在镜子中看到无数个自己。

孤僻狗被突如其来的景象吓坏了，本能地向后退缩，并发出阵阵叫声。镜子中的影子也做出了同样的动作，同时响起了回声。

这只狗开始惊慌失措，它开始挣扎、攻击其他狗，在屋子里横冲直撞，越来越疯狂，直到最后体力透支和绝望而昏死过去。

一只孤僻的小狗，最终却被自己的影子吓倒。

学校里每个班内总会有这样一个特殊的群体，他们显得与整个班级格格不入：他们从来不参与同学们的玩闹嬉笑，看上去沉默寡言，对任何事情都没有兴趣，上课的时候不能将注意力集中在老师身上，即便眼睛看着课本，眼神里却流露出茫然，他们成了教室里的局外人；在生活中，也很少听到他们的欢声笑语，即便回家甚至也很少与父母沟通。

这些外表看起来乖巧、温顺的学生，其实是性格孤僻的表现，他们通常不合群，不能和同学和睦相处。他们或许很少惹是生非，但是也

第四课　孤僻：孩子最需要温暖

很少有快乐，在他们的内心，想象通常比现实更美好。但是随着成长的烦恼越来越多，这些乖巧的孩子终会遇到麻烦，由于内心积压的痛苦太多，最后会无法承受。

在我们的社会生活中，人际交往就像阳光、空气一样重要，是人类的一种精神需求，但是这类群体却自我封闭，拒绝和人交往。在孤僻的人内心，其实一样渴望与人交往，但是由于某些心理因素的阻碍，常常表现出不愿与人来往的特征。

孤僻个性表现出来的消极情绪是不利于青少年健康成长的，因此，面对孤僻的学生，家长、学校和社会应该共同努力帮助他们走出这个"围城"。

## 案例一：妈妈的溺爱让他孤立

小迅是小学四年级的学生，从小在妈妈的溺爱中，衣来伸手、饭来张口，直到现在穿衣服还要妈妈帮忙，洗澡也是妈妈代劳，甚至夜里上厕所还要妈妈跟着，他所有的日常生活，只要是妈妈能做到的，全都替他做完。由于妈妈担心孩子自己

在学校吃不好饭，中午都要接回家来。

小迅在上学之前，和邻居小孩发生冲突的时候，每次妈妈都替他出面，不管是不是小迅的错，都会训斥对方小孩。上了小学之后，每当小迅在学校和同学发生了冲突，妈妈也首先找到老师和对方家长，为小迅"出气"。刚上小学的时候，每天做家庭作业都是由妈妈陪伴，在妈妈的精心辅导下，小迅的成绩一直保持在中上等水平。

但是到小学三年级的时候，妈妈因为工作太忙，没有很多时间关心他，对他的照顾也不像原来那么周到。巨大的落差给小迅的学习生活带来了很大的冲击，成绩也随之下滑，小迅逐渐产生了自卑心理。由于以前妈妈的宠爱，小迅养成了骄纵的个性，在学校里和同学们的关系相处得并不好，因此，也没有同学愿意帮助他。小迅慢慢地变得少言寡语、性格孤僻。

青少年是人生的一个重要阶段，无论是身体还是思想，都经历着从不成熟到成熟的过渡期。青少年是富于想象力和创造力的黄金时期，但是也是人生中一个最为脆弱和危险的时期，许多心理往往是在这个时期形成和表现出来的。

随着生理和心理的成熟，青少年渴望与人交往，希望内心能得到同龄人的共鸣，如果这种意愿得不到满足，就会产生空虚、孤独的情绪，性情变得孤僻。案例中的小迅由于自己性格的原因，不知道如何与同学交往，得不到同学们的友谊，学习成绩又直线下降，在产生自卑心理的同时，逐渐变得孤僻。

小迅孤僻性格的形成，主要原因在于他的母亲。在小迅小的时候，他的父母对他太过娇惯，就连他力所能及的事情也都被父母包办。而且父母对小迅百般袒护，生怕孩子在外面受欺负或发生什么危险，常把小迅关在家里，失去了锻炼社交能力的机会。当需要进入集体生活的时

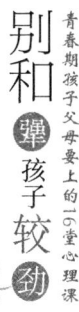

候，小迅动手能力较差，心胸狭窄、自私自利的特点让其他同学都很讨厌他、不愿和他交往，小迅在班级里越来越被孤立。

赞可夫曾说过："个性的发展，在孤独和隔绝中是不可能的，只有在儿童集体的内容丰富而形式多样的生活中才有可能。"让孩子多参与集体活动，和同龄朋友交往，不仅可以使孩子感受友谊的温情，更能促进孩子适应社会，学会与人相处。

华盛顿大学的心理学家菲利普斯认为，许多儿童不能与他人正常交往的原因，是因为他们在生命的早期没有学会基本的社会交往技能，从而也不能以正常的方式和别人交往。这就使得他们常常在人际交往中遭受拒绝和打击，使他们的内心受到伤害，随着这种失败的次数增多，孩子的内心会对人际交往产生畏惧心理，对自己失去信心。当在团体里找不到归属感，就会把自己封闭起来，逐渐形成孤僻的性格，无法与他人进行沟通。

作为父母，不要过多地干涉孩子之间的交往。当自己的孩子与同伴发生争执的时候，如果不是太严重，尽量让孩子自己去处理，实在需要家长出面了，父母要注意自己的态度，帮助孩子分清是非，鼓励孩子妥善处理问题，向更有利于友谊发展的方向推进，这样孩子就会很好地融入集体。

## 案例二：被冷落与电视为伴

因为父母工作忙，小佳从小被放在奶奶家，直到上了小学三年级才回到父母身边。在奶奶家的时候，隔几天妈妈会来看小佳，每天放学后，小佳就在院门口的台阶上坐着等妈妈来，不过通常都是失望。每次不开心的时候，小佳也会坐在门外不想回去，为此奶奶有时候也很生气，有时会骂他几句就忙自己的事情了，直到天黑才想起门口的小佳，才强行将他拉回屋里。

小佳回到父母身边后，他总想弄明白妈妈为什么把他放在奶奶家不管他，即便妈妈解释了很多遍他还是不明白为什么别的小朋友都能天天和妈妈在一起，而他却不能。放学之后，小佳想和妈妈说话，但是又不知道该说些什么，也不知道要做什么才好，只好一个人看电视，而妈妈也在忙自己的事情。

在学校，小佳由于学习成绩较好，被选为班干部，但是小佳不想当班干部，不想管班里的事情。上学来，放学走，能逃避的尽量逃避掉。回家之后，做完家庭作业就开始看电视，不管什么节目都看，连广告都不放过。

∙∙∙∙∙∙∙∙∙∙∙∙∙∙∙∙∙∙∙∙∙∙∙∙∙∙∙∙∙∙∙ ＞＞＞

孩子的性格形成过程中，受到来自家庭、父母尤其是母亲的影响最大。虽然随着年龄的增长会接触到各种群体，但是最根深蒂固的印记却还是来自家庭。良好的家庭教育环境可以养成孩子乐观向上、开朗大方的良好品质，如果家庭环境中有很多负面的东西，如父母经常吵架、随意打骂孩子、冷落孩子等，孩子长大后就会形成不好的习惯和性格。

快节奏的社会让人始终处于忙碌的状态，很多家长忙于自己的事

第四课　孤僻：孩子最需要温暖

047

业而无暇顾及孩子，将孩子留给老人照顾，或者送到全托的幼儿园或小学。这些家长都忽视了孩子对家庭温暖、亲情和爱的需求，他们渴望父母能够理解自己。

学龄前的儿童常常对家长十分依赖，只有在父母身边才会感觉到安全感。在这个时期如果缺少关爱受到冷落，孩子就会缺乏安全感，感到孤独、忧伤、焦虑，长期如此，会变得越来越孤僻，在心里筑起一道自我防卫的"围栏"。小佳就是由于小时候缺乏父母的关爱，从而和父母之间产生了"陌生感"和"距离感"，在心灵深处形成了一个不愿轻易向人开启的自我封闭的世界，而变得孤僻、不合群。

相关心理学研究显示，如果一个人经常有孤独感，就会变得情绪压抑、消沉、少言寡语。由于内心对外界充满戒备和敌意，在人际交往中会有很强的自卑感或戒备心理，拒绝和人来往，甚至故意做出清高的样子来掩饰内心的空虚。长此以往，自己的情绪会越来越低落，在孤僻的泥沼中越陷越深。

苏联教育家马卡连柯曾说过："生育教养子女，不仅是为了父母的愉快，在你们家庭里，在你们影响下，成长着未来的公民，未来的事业家，未来的战士。"

作为父母，即使工作再忙、应酬再多，为了孩子的健康成长，也一定要抽出时间陪陪孩子，经常带孩子出去玩玩，接触大自然，扩大孩子的生活空间。也可以去朋友家串串门，让孩子与其他小孩一起玩耍，让孩子感受到生活的丰富多彩，增加生活阅历，产生与人交往的兴趣。在父母的关爱下，孩子就会形成乐观向上、豁达的个性。

## 案例三：社交恐惧令她寝食难安

小燕是某中学二年级的学生，进入初中两年多来，从不多与人讲话。与人讲话时不敢直视对方眼睛，眼神常常看往其他地方，像是做了对不起对方的事情。一开口就觉得脸红，心怦怦跳，好像全身都在发抖。她不愿与别的同学来往，最怕接触男生，面对他们小燕都不知所措。久而久之，同学们都认为小燕很清高，就没有人愿意主动和她来往。

上课时，小燕同样害怕老师，只要是老师面对同学们站着，她就不敢朝黑板方向看，生怕和老师的目光相遇。

小燕本来应该有一个幸福的童年，她的父母都是高级知识分子，但是当小燕5岁的时候，父母却将她放在爷爷奶奶家，两人一同出国，一去就是8年。因为父母不在身边，爷爷奶奶对小燕宠爱有加，又生怕她出什么事情，就经常叮嘱她注意安全、小心遇到坏人等。从幼儿园一直到初中，每天都是由爷爷奶奶加上保姆护送，家和学校之间两点一线的生活，小燕过了十多年，很少与外界接触。

第四课 孤僻：孩子最需要温暖

上学期间，小燕一直比较孤僻胆小，很少与同学来往，但是学习很用功，成绩优秀，喜爱读书。爷爷奶奶经常教育她女孩子要有淑女的样子，不能蹦蹦跳跳、打打闹闹，更不能随便和男同学嬉闹，因此，小燕根本不和男生来往，而且见到别的女生和男生来往就觉得很反感。

初一的时候，有一次小燕忘记做作业，老师当着全班同学大声地斥责她，并用作业本打了她，之后，小燕就对这个老师产生一种莫名的恐惧，只要看到这个老师，她就觉得很害怕，上课的时候，也根本听不进老师在讲什么，同时感觉全班同学都在盯着自己。由于上课时候不能集中注意力听讲，学习成绩越来越差。小燕既苦恼又自责，像自己这样的人，到了社会上怎么能生存，真想离开所有人，到一个无人小岛上度过自己的余生。

·······························>>>

青少年社交恐惧症主要表现为害怕与人交往，总是担心会在其他人面前出丑，受到他人的嘲笑和冷落。青少年在人际交往中曾经遭受挫折，就会在心理上受到打击，产生不愉快的心理体验，次数多了，就会产生紧张、焦虑、恐惧等情绪，这种情绪继续扩大，就会形成社交恐惧症。

社交恐惧症患者在和人交往之前，就会想象自己在别人面前如何出丑，当真的进行交往过程中，就会感到不自然，抑制了交往的顺利进行，而在交往活动结束后，他们就会一遍遍地回忆当时的过程，回顾每一个细节，后悔自己当时不应该那样做而应该做得更好。

上述案例中的小燕，由于小时候生活的环境，形成了她孤僻的个性，本身就不善于和人交往，而在初一时那次被老师当众羞辱的经历，则成了她恐惧的心理根源。从此以后，她觉得同学们都用异样的眼光看自己，觉得所有的同学都在嘲笑她，于是，她开始害怕待在教室里，害怕和别的同学来往。

心理专家在研究中发现，许多患有社交恐惧症的人，他们在和人交往的过程中，往往表现得比他们自己认为的要好。心理学家录下了一些患社交恐惧症的人与他人的谈话过程，然后让别人评判。在其他人的眼中，患有社交恐惧症的人的表现并没有什么不妥，但是在这些人自己心中，他们的表现差极了。

心理学家分析，社交恐惧症往往源于过于自卑，以至无法以正常的状态应对其他人。一位心理学教授就曾这样指出：社交恐惧症者往往是因为对自己太过于专注，比如一次普通的谈话，很简单，就是注意对方的谈话内容。但自卑的人总在意自己在别人心目中的形象，担心给对方留下什么样的印象。心理上有包袱，言行上就放不开，这样一分神，他就往往跟不上对方讲话的内容。

因此，要治疗社交恐惧症，首先要树立自信。世界上没有十全十美的人，每个人都有不足之处，而每个人也都有别人所没有的优点。因此，在人际交往中，要积极地鼓励和暗示自己，认识自己的优势，只有自己先悦纳自己，才能在交往中自然大方，挥洒自如。

其次，自己要主动争取和别人交流的机会。积极参加集体活动，可以让自己枯躁的生活变得丰富多彩，更重要的是在和同学们自然接触的过程中减缓自己的焦虑和紧张。在活动过程中，不要害怕让别人失望，事实上，自己并没有想象中受人关注。

给父母的建议

第四课　孤僻：孩子最需要温暖

◎鼓励孩子主动参与交往和集体活动——经常鼓励孩子主动和同

学、老师、邻居打招呼，当孩子主动表示友好的时候，就会受到来自对方的同样热情的反馈信息，就形成了交往的互动性，逐渐就会克服与人交往时的内心的不安。参与集体活动是改变孤僻性格的很好的方法，在活动中可以暂时忘掉心中的苦闷，也会很容易融入集体，摆脱孤独。

◎给孩子足够的爱——研究表明，父母离婚对孩子的心理健康影响最大，大部分单亲家庭的孩子感受不到家庭的温暖，过早的烦恼给孩子心里留下了阴影。此外，经常受到父母粗暴对待、同伴的欺负等也会给孩子心理带来很大创伤，使之产生消极心理。如果孩子缺少了父母的关爱或者父母过于严厉，就会变得畏手畏脚，甚至自卑、孤僻，将自己封闭起来。

◎帮助孩子建立自信——很多性格孤僻的孩子内心都很自卑，而自卑常常来源于周围人的评价，如果父母和老师经常对孩子有负面评价，孩子就会根据这些评价进行自我否定，会伤害他的自尊心和自信心，产生自己不如别人的感觉，就会逃避和人接触，形成自我封闭。如果家长给孩子的多是肯定和赞扬的评价，孩子就会认为自己很优秀，从而信心满满。家长可以从任何一个方面对孩子进行赞扬，如爱帮助别人、和同学相处很好、很有责任感等等，总之，家长要及时从正面引导孩子，看到孩子进步要及时表扬，慢慢地就能帮助孩子树立自信，形成乐观向上的性格。

◎对孩子多点宽容和耐心——俗话说："一朝被蛇咬，十年怕井绳"，因遇到沉重打击而变得孤僻的孩子犹如惊弓之鸟，对任何事情都小心翼翼，生怕再次受到伤害。因此，对孤僻的孩子不要轻易批评，当他们遇到困难而逃避的时候，家长应该鼓励、安慰孩子，重新鼓起他的斗志。

◎不要把孩子交给电视——很多年轻妈妈在忙的时候，常常会给孩子找个动画片看，这样孩子就安静下来，不再纠缠妈妈陪他一起玩。但是孩子长时间看电视对孩子的身心健康都会有很大的不良影响，不但影响孩子的视力、身体发育，对孩子的性格、语言、沟通能力的影响更大也更容易被家长忽视。长时间看电视的孩子很可能会失去主动思维，在学习过程中变得被动，不爱动脑筋。同时，看电视就失去了与人交往的机会，不利于日后他们的交往能力的发展。长期被父母冷落，在电视陪伴下长大的孩子，容易孤僻和拒绝父母，极易产生电视孤僻症。

◎给孩子慎重选择保姆——在孩子小的时候，保姆对孩子成长的影响很大，孩子的性格孤僻很多种情况下是保姆没选好而造成的。大部分保姆来自农村，文化水平有限，而保姆对待孩子只是一种工作，如果遇到没有责任感的保姆，常常限制孩子的活动，只要看着孩子不出问题就行，根本不管孩子开心与否，也不去想和孩子建立信任关系，跟孩子在一起不是他们发自内心的真实意愿，对待孩子的耐心就很有限。孩子的感知很敏锐，长时间和并不爱他的保姆在一起，得不到母亲的爱抚，会影响日后的性格，使性情变得孤僻。

◎让孩子远离恐怖情绪——青少年常常会因为喜欢刺激或者标榜自己胆大，看一些恐怖片或者玩恐怖游戏。但是，由于这个年龄阶段的孩子身体和心理发育还不成熟，恐怖刺激常常会引发焦虑、紧张的情绪，使他们变得害怕独处，晚上不敢入睡，如果持续时间比较长，就会影响身体发育，长期的焦虑也会使性格变得孤僻内向。因此，家长要引导孩子远离恐怖电影，如果孩子产生恐怖情绪，家长可以通过带他们去旅游、参加集体活动等方式转移他们的注意力，用新的、健康的生活方式替代原来的恐惧。

◎定期与孩子进行交流——隔段时间家长要和孩子进行一次交流，这样家长可以及时了解孩子的状况，疏导孩子的烦恼，避免越积越多产生心理障碍。在交流过程中，父母可以将社会上的一些关于青少年的问题作为切入点，引导孩子说出内心的想法，在孩子说出自己的感受时，家长应该和孩子一起分析，并讨论解决问题的办法，不要轻易进行负面评论。

第四课 孤僻：孩子最需要温暖

# 5

## 第五课

霸道:
"小人物"也有大自尊

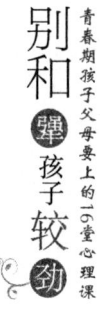

青少年心理课堂

　　霸道在我们通常的用法中，都带有贬义的意味。对霸道的孩子，我们有时候称做"小霸王"，是指爱闹脾气、过度好动、喜欢顶嘴、经常说谎、不听管教的孩子。家中如果有个这样的孩子，家长一般都很伤脑筋。但事实上，这种孩子在智力和生理方面都是比较正常的，只是比起其他孩子来不太容易管教。

　　顺从的孩子和霸道的孩子的差别不在于自信心的强弱，也无关于人品好坏，而在于自我意识的强弱。自我意识强的孩子习惯于自己决定处事方式，对权威有抵触情绪，而自我意识相对弱的孩子则习惯于服从权威。

　　早期的儿童心理研究专家认为每个婴儿出生的时候就是一张白纸，是后天的环境和教育在它身上刻画的痕迹才使得每个孩子显示出不同的个性，也就是说孩子的个性是后天养成的，不是天生的。

　　然而，后来的心理学家黛拉·却斯(Stella Chess)和亚历山大·托马斯(Alexander Thomas)共同完成的一项关于儿童特质的报告，收录于二人共同的著作《了解你的孩子》中，书中指出，每个婴儿在出生时就与众不同，这种与生俱来的特质会延续到童年。如果是家里有两个以上的孩子，妈妈会很轻易地说出孩子之间的区别的。

　　书中，两位心理学家还归纳出三种不同的人格特征：

　　第一种是顽固型儿童(difficult child)，特征包括：对其他人容易产生敌意、情绪起伏比较大、睡眠及喂食时间不固定、经常哭闹、脾气特别大，也就是性格比较倔犟，做事霸道的孩子。

第二种是随和型儿童(easy child)，特征包括：容易对别人表示友好、环境发生变化时情绪平稳、睡眠及喂食时间固定、乐意遵守游戏规则。

第三种是被两位心理学家命名为慢热型(slow to warm up)或害羞型(shy)孩童。这类孩子对环境的适应较慢，但是不会像第一种顽固型儿童反应那么剧烈，当他们遇到心情不好的时候，往往会选择退缩逃避，情绪表达比较温和。

虽然这三类孩子并不能涵盖每一个儿童，但是两位专家指出大约65%的孩子可以如此归类。参与研究的专家还指出：婴儿从出生的那一刻，就具备了所有人类该具有的个性了，能立刻认出自己的父母，并不断地从周围环境中学习各种行为和认知。

霸道型孩子在待人处世方面总是自以为是，总认为自己的想法比那些权威人士更高明。这类孩子通常不愿意倾诉，当他们遇到的问题在自己可控范围之内，他们通常什么都不担心，一旦超出他们的控制范围，就很容易感到沮丧。

因此，作为父母，如何正确引导霸道型孩子，是一件重要并且很有挑战性的事情。在多数情况下，孩子很可能并不听从家长的意见，甚至还会直接顶撞回去。对于这类孩子，家长不能用权威去压制他，而是要用实际行动正确引导他，让他看到事情的结果。只有在实际行动中看到家长处理问题的良好效果后，孩子才会心悦诚服地接受。

很多父母说起自己的孩子就觉得头大，尤其是男孩，隔三差五就会有欺负同学的事情发生，时常被老师同学反映，说自己的孩子像《机器猫》里的胖虎一样，同学们见着了都躲着走，被同学们称为"小霸王"。家长是打也打了，骂也骂了，结果孩子还是我行我素，甚至变本加厉。

儿童心理健康专家雷斯·福尔汉博士（Dr.RexForehand）和儿童医学教授尼可拉斯·隆博士（Dr.NicholasLong）列出了一些霸道孩子具有的性格特征，父母们不妨对照一下自己的孩子是否具有如下特点：

1. 非常外向

2. 如果他不想做某些事，你就根本不可能要他做

3. 对他做任何事情，他都要反抗，如换尿布、洗澡、穿衣等

4. 做每件事总是为了自己，不考虑别人的难处

5. 许多行为的目的只是为了引起别人对他注意

6. 不听劝告，总是想要自己作决定

7. 不认同成人（家长）的权威

8. 任性

9. 爱争辩

10. 具有攻击性

11. 激怒别人也不当一回事

12. 坚持自己的做法

13. 爱掌控别人的行动

14. 无法预测他的情绪变化

15. 过度自信

16. 顽固，不通情理

17. 喜好发问，甚至追问不休

18. 独立，不爱与人为伍

19. 果断，几近不计后果

20. 坏脾气，常常发怒

21. 即使你教他更简单的方法去完成某件事，他仍然用自己的方法去做

22. 坚持己见

23. 常常顶嘴

24. 总是用哭来达到他的目的

25. 非常敏感，情绪化

26. 要别人照他的方式做，不然就不接受

27.总喜欢针对细节和人抬杠

28.常有负面的反应，对于每件事都要奋战或拼命

29.着手于困难的工作（超过年龄能力）直到完成

30.抗拒指导

31.专注于一件事，直到得到他想要的

32.不按照规范来做

33.不接受任何限制

34.有自己的想法，尽管那样很不现实

35.要家长听他的，即使那是很不合理的事

36.反抗任何要他做出改变的事

这些特点对霸道孩子的描述并不全面，家里有个这样的孩子对家长来说是一项难度很高的挑战。不过如果家长从爱孩子出发，因材施教，对这类孩子多付出点耐心和关心，霸道的孩子能成长为意志坚强的人。

**案例一：班级小霸王人见人厌**

小显是个初二的男生，家境殷实，从小被父母和祖辈捧在手心里长大，无论他要什么，家里人总是想尽办法满足他。从上学开始，吃的用的都是班里最好的一个。但是学习成绩却并不理想。到了初中，老师为了让学习好的同学帮助他提高成绩，特意安排他和一个学习好的学生同桌。

但是没过多久，小显就向老师反映，说同桌很自私，自己有的题不

会做的时候向同桌请教，但是同桌不告诉他。老师向同桌了解情况的时候，同桌说小显经常抢自己的书、本，有时候还威胁他买零食给小显。

后来选班干部的时候，大家受到他的威胁，把他选为了候选人，但是到真正选班长的时候，有的同学实在忍受不了他平日的欺负，站出来指控他，后来又有很多同学也投诉他，结果当然可想而知，小显没被选上班干部。

有的孩子性情暴躁，任性霸道，在与小伙伴交往中，喜欢称王称霸，干什么事都爱当领头人。如果有孩子不服从，张口就骂、抬手就打。犯了错误也听不进批评还胡搅蛮缠，完全以自我为中心，在任何地方都是人见人厌的小霸王。

很多这样的孩子是因为在家被娇惯坏了，是家里的小皇帝，事事都是以自我为中心，养成了任性、霸道的个性。当进入集体中，就把这种习惯带到了人际交往中，如果有人不听他的，就会采取非正常手段威胁其他人就范。

要改变这类孩子的行为习惯，首先从家长做起。孩子性格的形成，受到父母的影响最大，孩子往往就是父母的影子，父母通过自己的言行举止、处事态度对孩子耳濡目染，在孩子身上留下了很深的印记。有的家长常常对待孩子简单粗暴，使用强制手段来教育孩子；有的家长比较专制，经常剥夺孩子的自主权。日久天长，孩子也就学会了父母的行事方式，并将之带入和同学的交往中，就表现出了霸道的行为。因此，父母首先要身体力行，为孩子树立榜样。

制定一套行之有效的生活规则，父母和孩子共同遵守，让孩子感受到家庭的平等氛围，同时利于互相监督。这个规则要包括生活的各个方面，如起床、穿衣、吃饭、游戏、睡觉等，对孩子的某些突出的坏习惯还可以有针对性地做些规定，如要学会和大家主动打招呼，语言要文明，待人接物要有礼貌，不能打架、骂人，不许吃独食等等。在对这些规则的执行过程中，家长要有耐心，不能还用原来的简单粗暴的手段，要慢慢地让孩子习惯这套规则，自觉地规范自己的行为。一旦孩子有明显的进步，家长要及时给予表扬，强化孩子的正面心理。

　　由于霸道的行为产生是一个长期的习惯累积过程，因此纠正孩子的这类行为，也需要采取循序渐进的做法。当孩子要违反规定的时候，家长首先要冷静，分析孩子的动机，在孩子情绪渐渐稳定后，再尝试与孩子沟通。

　　其实这类孩子也并不是一无是处，他们好胜心强，不肯服输；有主见，有自己的目标，通常是不达目的不罢休；他们是行动派，一旦决定了立刻行动，意志力强。很多事实证明，这类孩子有时候比老师家长眼神的乖孩子更聪明，更有执行力。因此，对这类孩子，在改变他们霸道的行为同时，要保留他们意志坚强、乐观的优点。

第五课　霸道：「小人物」也有大自尊

## 案例二：家长纵容惯出小霸王

小严的经历有些复杂，虽然他只是个15岁的大孩子，却因为抢劫同学，被学校勒令退学。

小严还有个哥哥，他是爸妈超生得来的孩子，为了要他，爸妈失去了工作，又因为哥哥整天打架，不听爸妈管教，因此，父母把希望都寄托在小严身上，所以对他非常娇惯。

小严的童年还算是无忧无虑，由于爸妈同时失去工作，小严被父亲带回到了农村的老家，在老家的时候，爸爸出去做工，就将交给奶奶看管。小严就整天和村子里的孩子无拘无束地玩耍，直到上了小学才和爸爸一起回到了妈妈的身边。

回到城市之后，小严唯一的玩伴就是他哥哥。由于哥哥在一群孩子中间最强，所以从来没有人敢欺负小严，如果有人欺负了小严，他的哥哥必定为他"报仇"。在哥哥的保护下，小严逐渐产生一种"优越感"，养成了凡事都不吃亏的个性。哥哥因为故意伤害罪被判刑后，小严在同班同学中逐渐成为别人害怕的小霸王，只要对谁不满意，就拳脚相加。

哥哥的入狱对父母打击很大，

让他们认为以前对孩子管得过严才导致逆反心理，使孩子走上犯罪的道路，因此就更放松了对小严的管教。后来，小严认识了一些社会上的不良青年，经常跟着他们去打游戏、泡网吧，由于家庭条件不太好，小严就从同学那里"要"钱来花。小严并不知道他这种"要钱"的方式是不对的，只是觉得要钱别人就得给，如果谁不给就要挨打。随着要钱的次数和数目的增多，小严的胃口也越来越大，最后把一个同学交学费的钱都给抢了，结果被同学家长发现并报了警，小严被勒令退学。

••••••••••••••••••••••••••••••••• >>>

天生叛逆的孩子，如果不能进行合理的引导，以后走上社会很可能会出现反社会的行为。这些孩子，在家里挑战家长权威，在学校里反抗老师，质疑老师的教学方式。因此，对于天生傲气十足、独立自主的孩子，最好在上学前家长就树立起权威，家长要能掌控孩子，而不是被孩子掌控。但是这个掌控并不是使用暴力让孩子屈服，而是用符合情理的手段进行引导。

如果家长不断地对孩子进行体罚、恐吓和威胁，不但无济于事，反而会弄巧成拙，还会破坏亲子关系，将矛盾升级，孩子一旦在体力上有能力独立，家长就再也无法插手孩子的事情。相反，如果家长致力于创造和谐的家庭氛围，用平静的心态对待接纳孩子，以身作则、言出必行，就慢慢地树立起领导者的形象。只有当孩子了解父母是家庭的管理者时，父母才能要求孩子的听从。

孩子在抵抗父母控制的时候，通常自己内心也会进行衡量，试探父母的底线是什么。比如在商场或超市里哭闹着要东西的孩子，如果母亲在协商的时候犹豫不决、信心不足，孩子就会不依不饶，而一旦得逞，以后遇到类似的情况还是这个结果，孩子就是用这种方法控制了父母，使父母没有立场，也失去了孩子的敬爱。

在管教孩子之前还要分清孩子是单纯的淘气还是故意的抵抗。如果

是孩子因为无意中惹了些麻烦，家长对这些行为可以放松一些。如：孩子无意中碰坏了家中昂贵的瓷器、弄坏了家长的电器，或者丢了一些东西，对整个家庭来说都是无伤大雅的，家长应该对孩子的这些行为宽容一些，很多时候，父母也会做出同样的事情，因此，不用因为这些小事惩罚孩子。但是如果孩子倔犟对妈妈的指令说"不要"、"就不"，并随时随地要小姐少爷脾气，想完全按照自己的想法办事，类似这种就是对父母权威的故意抵抗。对待这种行为，家长就要尽快取得主动地位，而且对这种行为一定要加以惩罚。

当冲突过后，孩子和父母都平静下来，要给孩子亲情的安慰，告诉他你很爱他。这个时候是教育孩子最好的时机，可以趁机向他讲明惩罚他的理由，以及如果再次遇到同样的情况如何避免出错。当父母和孩子之间建立起信任和爱的稳固关系时，父母在孩子面前才有权威和信服感。

## 案例三：错误教育将孩子引向歧途

林亦乐是初二的学生，最近因为将同学打成重伤而被迫转学。

林亦乐出生在一个幸福的家庭，父母都是国家干部，他也很争气，学习成绩一直名列前茅，还担任着班干部。他看上去机智、真诚、冷静，完全想不到这样的阳光少年会用水果刀伤人。

林亦乐很任性，从小不管什么事情，父母都依着他，他们认为男孩子就应该任性点，这样才会显示出霸气。当时他属于班里个头比较高的，成绩也很好，同学们都很佩服他，这给他心里上带来了满足感，他也一直认为自己比别的同学聪明。

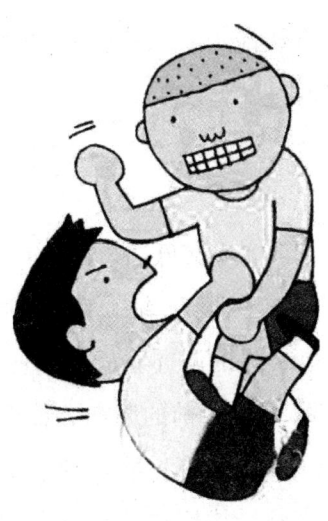

一直以来，父母对小乐的要求就是学习好，另外，在外面不要受欺负，任何事不要吃亏。在上学前班的时候，有一次小乐带到学校的玩具被其他小朋友拿去玩了，小乐想要回的时候那个小朋友却不想给了，于是他就一把将飞机抢过来朝小朋友的脑袋上打，结果把小朋友的头打破了。本来害怕父母惩罚自己，哪知道回家并没有受到批评，反而得到了父母的赞扬，认为他会保护自己。

小学三年级的时候因为打了同学，同学家长找到了家里，爸爸向人道了歉，送走人之后，不但没有训斥小乐，反而称赞他很厉害，懂得教训别人。后来妈妈向他解释说，在学校里如果不想让别人欺负，就要让别人害怕。此后，为了得到爸妈的夸赞，小乐甚至编瞎话骗父母说在学校里打了同学。

小乐的父母除了学习上，在其他方面都不管他，无论做什么都不批评、惩罚他。父母的错误引导让小乐以为用武力打败别人就是强者，并没认识到真正的强者是内心的强大、意志坚强。因此当小乐遇到不服从他的同学时，就心生嫉恨，最后终于忍不住将对方打成重伤，最后被勒令转学。

小乐心里有些埋怨父母，因为他觉得自己之所以会面临这种境况，完全是父母教育不当的结果。在他的印象中，只要学习成绩好，犯了什么错都可以原谅，父母都不会责怪他，只是一味地让他做个强人，但是他觉得父母根本没有真正理解什么才是强人。曾经有个叔叔指出小乐内心的自私和外强中干，他爸爸却反驳说人都是自私的，人不为己天诛地灭，自私没有什么错。因此，小乐觉得父母根本不了解他，也不想了解

第五课　霸道：「小人物」也有大自尊

他，他们不了解小乐在学校受到同学排斥后的心情，不关心小乐与同学相处的怎么样。

>>>

每个父母都知道孩子是未来的希望，但是只有很少一部分家长在关注孩子学习成绩和身体健康的同时，还能关注到孩子的心理健康。相关研究做的调查显示，某地区4~6年级的小学生中，约有27%存在行为问题，比7年前的调查结果上涨了一倍还多。

蒙台梭利早教专家王惠文分析说，独生子女家庭改变了原来的家庭结构模式，在现在的家庭内部，孩子是整个家庭的中心，父母以及祖辈都是孩子的"服务生"。因此，孩子们已经习惯于以自我为中心的生活方式，当离开这种家庭环境的时候，就很难适应和接受新的社会结构与集体生活方式。这种心理障碍，对孩子的影响深远，很多青春期甚至成年人的某些心理问题，依然可以从这种生活方式中找到根源。

以自我为中心，不会分享，这些都是独生子女家庭中的孩子明显的特征。独生子女家庭一般对孩子都比较溺爱，没有合理的家庭教育，致使孩子没有形成良好的行为习惯，养成了霸道的性格特征，这成为他们与人交往中的最大障碍。

在一项对父母的调查中，85.9%的家长表示，孩子习惯于以自我为中心，不会与朋友分享；70.4%的家长则认为霸道的孩子比较自私，不关心他人；有66.2%的家长还觉得自己的孩子在家里横行，可到外面却胆小如鼠；62%的家长认为孩子不珍惜物品、讲究物质享受。

参与调查的家长都认为物质条件优越和隔代教育是养成孩子霸道性格的主要原因。80.3%的家长认为，轻易满足孩子的物质要求，让孩子形成了养尊处优的习惯；67.6%的家长则认为祖辈对孩子的过分宠爱和祖护使孩子变得骄纵。此外，还有出于安全考虑，家长对"独苗"全面照顾的想法也是纵容孩子的元凶。

大部分孩子都是倾向于喜欢正义、法律、秩序和安全的限制，缺乏管教的儿童会觉得自己更像一个没有父母的孩子，而不觉得自己是家里的一分子。每位父母都想给孩子最多的爱，但是很多家长并不明白爱不只有照顾和关怀的一面，还必须对孩子有适度的管制。在给孩子照顾的同时，家长应该随时观察孩子的反应，判断孩子的情感发展，不断改善教育方式。让孩子在平衡、和谐的家庭氛围内，健康成长。

◎多带孩子参加集体活动——霸道往往是在单一的环境中更为明显，如果孩子长期闷在家里，缺少和外界的交流，和同伴的来往，就学不会和人分享，体会不到和人互动的快乐。因此家长可以多带孩子参加一些集体活动，让孩子在游戏中，学会和人分享、耐心等待，改变自己以往霸道的行为方式。

◎愤怒解决不了问题——当孩子蛮不讲理的行为将你惹火的时候，记得克制你的怒气。如果没有相应的惩罚措施，愤怒只能让自己看起来更无能，惩罚行动才会改变孩子的行为，这种惩罚不是一怒之下对孩子的暴打，而是长期固定下来的惩戒方式。让孩子明白如果不遵照规范行事将会产生什么样的后果，在多次受到惩罚之后，就会学会转变态度，再遇到类似情况的时候，就会自动地遵守规则。

第五课　霸道："小人物"也有大自尊

◎教孩子理解钱是通过劳动得来的——很多家长觉得让孩子很早接触钱不好，所以就很少和孩子谈论钱，只是孩子要的东西，都尽力去买。因此，很多霸道的孩子从小养成的认识习惯就是挣钱是父母的事情，而且从来没觉得父母挣钱有什么辛苦，所以无论要什么东西，从来不衡量家中的经济状况。美国人把理财教育称为"从3岁开始实现的幸福人生计划"，日本人也早早教育孩子"除了阳光和空气是大自然赐予的，其他一切都要通过劳动获得"，在孩子很小的时候就让他明白，自己所需要的东西都是通过辛勤劳动得来的。无论家庭条件如何，都不能随意挥霍劳动的成果，用钱也有量入为出。有了家庭和社会责任感，孩子就不会任性而为。

◎以自信的方式展现权威——现代的父母为了纠正上辈的"棍棒下面出孝子"的错误观念，往往认为孩子打不得，就一味纵容孩子，岂不知这种方法却是过犹不及。抱定信念无论孩子多么调皮都不进行体罚的父母，当遇到孩子蛮横不讲理的时候，往往会愤怒得大喊大叫，直到最后忍无可忍，采取了更冲动的做法，过后还自责不已。其实父母应事先给孩子定下规矩，让孩子明白父母的底线，一旦孩子越过这个底线，就会受到相应的惩罚。这样孩子在发作的同时就会想到会有什么后果，就会对自己的行为有所收敛，父母也在孩子面前很容易的树立起权威。

◎正确地爱孩子——毋庸置疑，每个父母都很爱自己的孩子，但是如果以爱的名义无原则地迁就孩子，结果却会害了孩子。由于溺爱，家长往往会事事都要替孩子做到尽善尽美，让孩子衣来伸手、饭来张口，养成了孩子依赖的心理，纵容了孩子的任性、以自我为中心意识，从而使孩子形成了霸道的个性。

◎尽量避免隔代教育——比起父母来，祖辈通常对孩子更纵容。而且如果祖辈和父母的教育理念相差很大，容易引起孩子的是非观念的混乱。比如孩子要某样东西，父母觉得没必要买，而孩子如果和爷爷奶奶或者姥姥姥爷撒娇，很容易就会得到。或者孩子和别的孩子抢玩具，而自己的玩具也不想让别人玩，祖辈可能会对此行为更纵容。长此以往，孩子就不明白哪种行为是正确的，哪种是错误的，而且孩子也不会意识到这是错误的。

◎让孩子学会宽容——在孩子的人际交往过程中，难免会产生一些大大小小的摩擦，让孩子首先学会用宽容的态度对待这些冲突。但是宽容并不等于无原则的忍让，让孩子分清是非，对于小的问题，没有严重后果的吵嘴，可以相对的心胸豁达，不加计较。但是对于那些给孩子带来很大伤害的事情，绝对不能容忍，要采取合理的手段维护自己的权利，但是不能用简单粗暴的方式来解决。

◎让孩子学会自我管理——霸道的原因之一就是孩子缺乏对自己情绪的管理和控制能力。平时如果注意培养孩子的自我情绪管理能力，会是一个行之有效的方法。比如，让孩子玩好玩具后自己收好，起床后自己叠被子，想要某样东西的时候仔细想想是不是真的需要，家长也不要当时就满足他，可以适当地延迟时间再满足他的要求。慢慢地孩子就会在这些日常的管理过程中学会控制自己，形成良好的习惯。

第五课 霸道：「小人物」也有大自尊

# 第六课

## 自卑：
## 家长的歧视是祸根

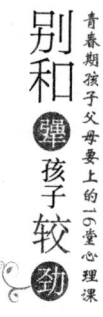

青少年心理课堂

　　自卑是一种心理问题，也称为自卑感，指的是对自己的能力或者某方面品质的评价较低而在内心产生的一种不如别人的消极信念。人无完人，每个人都有擅长的方面，也有不擅长的方面，在自己不擅长的方面有一些自卑情绪很正常，但是如果这种自卑情绪影响到正常的学习和工作生活时，这种自卑情绪就发展成为了一种心理障碍。德国哲学家黑格尔曾说过："自卑往往伴随着懈怠。"自卑心理是一种性格上的缺陷，常伴有害羞、不安、忧郁、失望等负面情绪，总觉得自己一无是处，缺乏进取精神，行为退缩，严重者会表现出自闭、自伤等极端行为。

　　自卑从心理上会消磨一个人的雄心、意志，使他自暴自弃、悲观泄气。在生理上也对人有很大的害处：自卑的人，大脑皮层长期处于抑制状态，缺少欢乐和愉快的良性刺激，导致中枢系统麻木，体内各个器官不能充分调动，致使免疫力下降，出现各种病症，如头痛、乏力、焦虑，反应迟钝、记忆力减退，食欲不振，早生白发、面容憔悴等，加速衰老的进程。

　　青少年自卑心理的形成原因是综合性的，有内部因素，也有外部因素。从内部来说，有自我认识的不足和先天的生理因素。有些具有自卑情绪的青少年不能从客观上全面评价自己，仅根据学习成绩、人际关系等单方面因素进行自我评价，觉得自己在这些方面不如别人，每当遇到这些方面比自己好的同学，就会产生自卑心理，表现出消极情绪。而有的青少年由于先天因素，在长相、身材等方面有些缺陷，总是怀疑和担心被别人耻笑，因此就不敢主动和别人交往，阻碍了自己的发展。

从外部因素来看，青少年在学习生活和人际交往方面经常遭受失败和挫折，是产生自卑心理的一个重要原因。遭受过多的失败和挫折，青少年就会自信心减弱，灰心丧气、意志消沉。本来通过努力可以取得良好的成绩，却因为自信心不足而越来越差，更是不如别人，进而产生自我否定，加深了自卑心理，给自己的心理、生活都带来了不好的影响。

此外，自卑感通常跟幼年期的家庭教育关系密切。作为父母，不能不切实际地对孩子抱以过高的期望，要客观地对待孩子的先天条件。将培养重点放在孩子的实际能力上，因材施教，让孩子增强自信心，形成良好的心理状态。美国儿童心理治疗专家霍夫曼指出：当家长的需关注自己的孩子有没有自卑心理，一旦发现，应尽早帮助克服和纠正，以避免随年龄的增长最终形成自卑性格。

青少年正处于人生的起步阶段，青少年的自卑心理的存在，往往会摧毁他们的自尊心和自信心，抑制他们积极进取的精神，阻碍青少年潜能的发挥，影响正常的人际交往，因此，对于青少年的自卑心理不能忽视，要采取必要的措施，使青少年走出自卑的心理阴影，树立起自信。

作为父母，你有没有观察过你的孩子是否曾经表现出以下这些行为：

◇情绪长期低落：如果你的孩子缺少欢声笑语，经常无缘无故地带有忧郁神情，那很有可能是他的内心有些自卑。

◇过度怕羞：怕羞尤其是面对生人的时候，对于儿童来说属于正常，但是当儿童表现出过度的怕羞行为（如从来不敢当众唱歌甚至说话、从来不敢接触陌生人等），就有可能是孩子的内心有强烈的自卑。

◇拒绝结交朋友：通常来说，心理健康的孩子都希望能和同龄人交往，十分看重友情，但是有自卑心理的儿童却宁愿形单影只也不愿和其他人玩。

◇难以集中注意力：自卑心理强的孩子常常不能控制自己的思想，总是抑制不住去想自己的不足之处，因而在学习或者游戏的时候，难以将精力全部放在正在做的事情上。

◇怀疑心理较重：因为有很强的自卑心，所以对家长、老师和同学对自己的评价十分关注，特别是当别人批评自己在意的缺点时，总是耿耿于怀。在自卑心理得不到及时疏通的情况下，很可能发展到怀疑一切的地步。

◇过分在意别人的赞扬：有自卑感的孩子总是感觉在某些方面低人一等，因此，更加追求别人的赞扬来弥补心中的缺憾，有时甚至采取欺骗的手段，如考试作弊等。

◇嫉妒心强：嫉妒常常伴随自卑而生，因为觉得自己某些方面不如别人，就心生嫉妒，甚至故意贬低他人。心理学家认为，这是自卑者为减轻心理压力而选择宣泄情绪的渠道。

◇自暴自弃：大部分有自卑心理的儿童自认为努力也达不到自己的期望，因而会选择自暴自弃、不求上进，有的甚至会出现自虐倾向。

◇回避竞争、竞赛：很多有自卑心理的儿童都渴望能有朝一日站在领奖台上受万众瞩目的主角会是自己，但是由于对自己的竞争能力缺乏信心，常常在比赛前就给自己定位到失败的位置，因此，自卑的儿童都会尽量避免参加任何竞赛，在比赛前临阵脱逃。

◇语言表达能力较差：据相关专家所作的统计，高达八成以上的自卑儿童的语言表达能力较差。他们或表现为口吃，或表述不连贯，或表达时缺乏情感，或词汇贫乏等等。专家认为，这是由于强烈的自卑感极有可能阻碍了大脑中负责语言学习系统的正常工作之故。

◇对挫折或疾病的承受力较差：自卑儿童比起正常儿童，具有较弱的面对挫折、疾病等压力的承受能力。即便是小小的失败或变故，自卑儿童都会感到难以接受。

以上是美国儿童心理治疗专家霍夫曼总结出的自卑儿童往往会表现的早期征兆，如果父母发现自己的孩子具有其中的某些特点，就要对孩子多加留意，注意观察，确定孩子是不是真的内心自卑，以便及早采取措施。

## 案例一：自卑来自妈妈的口头禅

莉莉是一位六年级的女同学，她长着大大的眼睛，留着可爱的学生头，成绩中等，本应是活泼开朗的她却整天流露出忧郁的神情，说话的声音也很小，很容易脸红。每次考试后，莉莉都能想象到妈妈拿着试卷时候的神情和话语。"怎么还是考这么点分，每次都没有进步，你看看隔壁的晓玲，每次成绩都是那么靠前，你怎么就这么笨！""学习成绩不好，话也说不清楚，怎么没有一点可取之处。"妈妈的抱怨从来没有间断过，而每次考试

完，妈妈的抱怨更多，仿佛莉莉是全世界最差的孩子。时间长了，莉莉就形成了很强的自卑感，总觉得自己脑子很笨，做什么都不行，

第六课 自卑：家长的歧视是祸根

逐渐养成了忧郁的性格，觉得自己是没出息的孩子。

························>>>

　　每一个孩子天生就希望获得别人的认可和夸赞，抱怨和指责往往只会让事情变得更糟。父母觉得无所谓的责骂如"笨"、"蠢"，却会在孩子心灵上留下深刻的印记，这种言语特别是来自最亲近的人的责骂会毁灭孩子的自信心，让孩子形成强烈的自卑感。心理学中的"皮格马利翁效应"指出：来自外界或自己内心的信念和期望会深深影响一个人脑功能的发挥。所以家长应该更多地尊重、欣赏和鼓励孩子，而不是对孩子冷嘲热讽。

　　很多家长喜欢把自己的孩子和别人的孩子相比，而且特别喜欢用自己孩子的短处和别的孩子的长处相比较，为孩子树立个榜样，认为这样孩子就会有动力，而事实上每个孩子最讨厌的就是这句话。这种做法破坏了孩子的心理平衡，容易让孩子产生挫败感，对孩子的价值观和自我评价产生了极大的干扰。每个孩子都是独立的个体，何况孩子成长的环境不同，因此个性会有很大差别，这种不具可比性的对比往往会造成孩子心理自卑，同时内心会产生对父母的抵触情绪。

　　莉莉的妈妈内心其实是想鼓励孩子，希望自己的孩子能更有出息，但是对于孩子来说，却是孩子最不能忍受的。许多孩子会产生自己不如别人的想法，就会灰心丧气，什么也不想干，内心产生强烈的自卑感，成为孩子沉重的思想包袱，反而会越来越差。一旦产生了自卑感，孩子就会觉得自己是个没用的人，许多孩子正是被这种"无用感"所压垮，有的甚至因此放弃了生存的欲望。

　　如果真的想给孩子找个对比的对象，最好就是把孩子的现在和过去做对比，如果孩子有进步，可以及时地进行赞扬和鼓励，孩子不但能感受到自己的成长与进步，更能树立良好的自信心。

　　很多伟人也并不像我们想象中的从小就听话、上进，美国著名的人际关系大师卡耐基小时候就是一个非常淘气的孩子。在他9岁那年，父亲又娶了一位妻子，他们一同住在密苏里州的乡下。卡耐基的继母家庭条件较好，受过良好教育，当他的父亲向妻子介绍卡耐基的时候说："亲爱的，希望你注意这个全县最坏的男孩儿，他可让我头疼死了。说不定他会在明天早晨以前就拿石头扔向你，或者做出别的什么坏事，总之让你防不胜防。"而继母却微笑着对丈夫说："你听说过'别在冬天砍树'的故事吗？它说的是一位农夫在冬天里砍掉一棵枯树，到了春天，他惊奇地发现树桩上又萌发了一圈新绿。于是农夫对家人说：'当时我真的以为这棵树已经死了，树叶掉得一片不剩，光秃秃的枝丫也不断地往地上落，一点儿活力也没有。现在才知道，它看似枯死的躯干还蕴藏着活力。'"继母又说，"对处于逆境中的事物，绝不要事先得出消极的结论。耐心等待，冬天会过去，春天会到来。冬天的枯树，看起来它处于枯绝的境地，但谁能断定，春天来临的时候它不再焕发勃勃的生机呢？'差'孩子就是这么一棵枯树。"继母还批评丈夫说："你错了！他不是全县最坏的男孩儿，而是一个聪明的孩子！只是还没有找到发泄热忱的地方的男孩儿。"

在继母之前，从没一个人夸奖过卡耐基，甚至包括他自己的父亲都认定他是个坏孩子。但是继母的鼓励和夸赞却改变了他的人生，此后卡耐基和继母建立了良好的友谊，卡耐基在继母的鼓励下，终于走上成功之路。

孩子犹如开始成长的小苗，要想让他长成枝繁叶茂的参天大树，成为栋梁之材，就不能在小的时候给他太多打击，太多压力。孩子的成长是一个发展变化的过程，会出现很多意想不到的改变。家长暂且把孩子"不行"放下，认真地思考孩子到底是真地不行，还是另有原因，如果孩子内心并没有不行的界限，那么家长就不要人为地给孩子加上一道障碍。与其打击孩子的自信，不如给孩子一些希望。

## 案例二：穷孩子自卑是家长的错

　　小风是某重点中学的学生，十五岁的他从农村来到城市里上学。原来在自己村里上学的时候，学习成绩优异的他是家长和老师的宠儿。但是来到城里的重点中学才发现自己的学习成绩根本不算好，而且由于家庭条件和城里的同学差别很大，自己在着装方面也和同学有很大差距，显得很土气，连一套像样的衣服也没有；在宿舍里，城市里的同学侃侃而谈，因为自己没有见过什么世面，只有默不做声，偶尔插上两句话还因为孤陋寡闻而被同学嘲笑。有的同学还有很多特长，比如画画、乐器等，而来自农村的自己除了读书，什么都比别人差。于是开始觉得自己样样都不如人，被别人瞧不起，产生了消极的自卑心理。

　　一向是优等生的自己又不甘心、不服气，只有在学习成绩上还可以和同学一较上下。于是每天只好拼命学习，但是由于心理压力过大，很多时候根本不能集中注意力，白天看不进书，晚上很难入睡。由于整日无法认真学习，成绩也越来越差，唯一可以和城里同学相比的学习也被甩到了最后，他开始对同学产生了嫉妒心理，后来还出现了厌学情绪，甚至对生活失去了信心。

由于现在的社会分化越来越严重，家庭收入差距越来越大，穷孩子和富孩子从穿的衣物、玩的玩具到交通工具、居住环境，都如同生活在两个世界。很多家长都开始担心家庭经济条件不好，孩子从小就知道自己穷，会丧失自信心。

事实上，在孩子小的时候，对穷富并没有多少概念。他们并不在乎自己有多少钱，他们在乎的是感情能不能得到满足。穷孩子自卑不过是父母心态的反映。如果父母有坚定的信念，穷孩子的生活环境反而比富孩子有利。

而到了青春期的孩子则不再那么单纯，除了外貌和智力因素，青少年还会用金钱来衡量自己和他人的价值。因为人类社会特别看中三样标准：智商、外貌和金钱。由于外貌和智商属于天生的，如果不是特别出众或太差，一般不会太注重这两个标准，因此，金钱就会成为一个很重要的标准。在青少年的心中，通常觉得富裕的家庭比贫穷的家庭拥有更重要的社会地位。衡量一个人的富裕程度通常会看他的衣着、交通工具、住宅，或是父母的工作岗位和薪金。当看到别人穿着漂亮的新衣服、住着豪宅、乘着名牌轿车的时候，如果自己没有这些，青少年往往会产生自卑感。

家庭不仅是为孩子提供生存所必须的物质条件的地方，更应该为孩子提供一个形成价值观的良好环境。在孩子进入社会之前，他的社会地位、价值取向只有通过家庭来体现。孩子和家庭是统一体，父母受人尊敬，孩子自然也会感到安全和自信。因此，父母要在孩子面前树立有尊严的形象非常重要。

但是每个家庭的社会地位、父母所从事的工作和收入都有很大差别。并不是每一个孩子的父母都能拥有崇高的社会地位、让人佩服的学识和不菲的收入，一旦孩子感受到自己和别人的差距，内心很容易产生自卑感和不平衡。一方面是至亲的血缘关系，一方面是不满意的现实，内心经常处于矛盾和焦虑之中。当父母知道自己给孩子带来痛苦的时候，父母甚至比孩子感受到更深的痛苦。

因此，要在困难的环境里培养心理健康的孩子，父母首先要自尊、自强，让孩子看到自己在不断努力提升自己。很多贫困的家庭里父母很不在乎自己的言行，语言粗俗、衣着邋遢等不良习惯随处可见，这些看似很小的细节，往往是孩子挥之不去的烦扰。孩子以父母为耻的事情时有发生，曾有小学生雇人去开家长会，只因为嫌弃母亲言行粗俗，怕同学嘲笑。

如何让孩子的精神独立于经济条件之外，作为父母，首先不要在孩子面前掩饰自己家庭的经济状况。孩子有很敏锐的观察力，在日常生活中，家长试图遮掩经济状况是不大可能的，反而会让孩子觉得家长对于穷难以启齿，穷是件丢脸的事情，家长的这种态度会打击孩子的自信。当孩子看到其他小朋友有的东西而自己没有的时候，家长要明白地告诉孩子自己买不起，这样传达给孩子的信息就是穷并不是羞于见人的事情，用正确的态度对待贫富。

其次，家长要给孩子更多的关爱。让孩子明白虽然自己拥有的物质东西比较少，但是拥有的父母的爱却更多，他比那些家庭经济条件好的孩子更富足，这才是孩子内心自信的源泉。此外，还要让孩子懂得，穷富并不是一直不变的，可以通过自己以后的努力来改变现状。

一个美国的教育工作者曾在自己的书中写道：一个在充满批评挑剔的环境下成长的孩子，长大后会吹毛求疵谴责他人；一个在充满恐惧的环境下成长的孩子，长大了会忧虑害怕；一个在充满耻辱的环境下成长的孩子，长大了会充满罪恶感；一个在宽容的环境下成长的孩子，长大后学会了有耐心；一个在充满鼓励的环境下成长的孩子，长大后内心充满自信；一个在充满赞美的环境下成长的孩子，长大后同样会赏识他人；一个在充满认同的环境下成长的孩子，长大后会爱惜自己；一个经常被肯定的孩子，他学会了立定志向。

因此，要让一个在贫穷的物质条件下成长的孩子，内心充满阳光，没有自卑的阴影，父母就要给他更多的关爱，更多的鼓励和坚定的毅力。让孩子感受到自己的力量，让自卑转化为奋斗的动力。

## 案例三：自卑来自家庭的冷暴力

　　小京是正在复读，去年因为几分的差距没有考上心仪的大学，小京高考的失利让父母很失望，给他自己更是带来了很大的打击。

　　从小学开始，小京平时的学习成绩一直不错，但是每到重大的考试，都表现不好。而且在初中的时候，有几次重要的竞赛，如果以小京平时的学习成绩，赢得名次完全没有问题，有好几次老师替小京报了名，但都是快到比赛了，小京却放弃了参赛，选择了退缩。每次父母都恨铁不成钢，最后再有比赛，老师也不再给他机会了。结果小京心里既自卑又悔恨。

　　原来，在小京上初中之前，父母对小京照顾得无微不至，但是到了初中后，父母的态度变化很大，每天只是问他学习，至于生活方面，人际交往方面，父母根本不关心。虽然为了看到父母的笑脸，小京也很努力学习，但在内心深处，小京却一直在怨恨父母不够关心自己。甚至有时候想故意考试成绩不好来报复父母，因

此长期以来形成的心理让他在每次重要考试的时候，都会失利，考试成绩的不好又带来了更深的自卑心理。

>>>

很多家长都以为只有体罚才属于暴力，事实上，家长的冷漠态度或者只关注孩子的学习其实是另一种暴力形式——冷暴力。冷暴力对孩子的伤害比体罚更大，它可能影响到孩子的性格、心理发展，成年后很难消除。

家长在教育孩子的过程中，很多时候并没有意识到自己采取了冷暴力方式，如对孩子态度冷漠，爱答不理；经常批评甚至嘲讽孩子，让孩子觉得自己一无是处；有的则只关注学习成绩，不关注孩子的内心世界。

一个人对自己的评价往往会受到他所理解的来自别人的评价所影响，而来自最亲的父母的评价对孩子起着无法替代的作用。孩子往往会将父母对自己的期望与自己的要求加以对比，形成内部的同一感。一旦父母对自己态度冷漠、没有反馈，或者父母的评价过低，孩子内心就会产生同一性危机和混乱，很容易产生自卑，觉得自己一无是处，甚至导致更严重的心理问题。

人的自卑心理绝大部分来源于儿童时代所受到的创伤。儿童时期受创伤所引发的自卑感持续时间最长、影响最大，也最难克服。但是，自卑心理在儿童时期表现得并不明显，到了青少年时期就会慢慢显现出来。儿童在进入青春期后，自我意识迅速发展，青少年开始以自己的眼光来观察周围的世界，用自己的观点来评价他人，也开始重视他人对自己的评价，开始关心自己在别人心目中的形象。青春期的孩子往往将自己的形象想象得很理想化、很完美，当发现自己达不到那种完美形象的时候，心中就会产生一种失望和悲观，此时儿童时期的内心创伤会再次显现，加深了自卑心理。

长期存在自卑感的人，时刻会感到自己不如别人，又害怕被人瞧不起，慢慢就会形成敏感多疑、多愁善感、胆小孤僻等不良的性格。因为自认是弱者，所以无意争取成功，只是被动服从并尽力逃避责任。

因此，避免让孩子受到家庭冷暴力，关键是父母在教育孩子的过程中，要把握好控制和放松、关爱和冷漠这两个"度"。首先家长对孩子的期望要符合客观实际，适合孩子的发展水平，不能只关注成绩，用平等的交流代替无谓的批评和唠叨。多关注孩子的情感需求，尊重而不是强制孩子的个人选择；积极培养孩子的特长爱好，及时鼓励孩子的进步；对孩子的缺点、弱点，要就事论事，多引导，多帮助，不能将错误升级，动辄说孩子无用。

心理专家建议，"家长还要给孩子留有充分的成长空间。"家长如果对孩子控制太严，急功近利，影响孩子的独立性，不利于孩子自信心的发展，反而会使孩子产生逆反心理，适得其反。

给父母的建议

◎赞扬多于批评——如果父母过分严厉，对孩子的批评和挑剔多于赞扬和鼓励，孩子就会只看到自己的不足之处，而看不到自己的优点，更容易产生自卑感。处于儿童期的孩子，由于心智发育尚不成熟，还不能进行自我评价和自我认知，对自己的判断往往来自于成人，如果父母经常指责孩子蠢笨，时间长了，孩子就会形成自己真的很笨的认识，从而产生自卑心理。

◎要引导孩子表现自己——孩子天生就有表现欲，想听到别人的赞美。如果小的时候失去自我表现的机会，很容易失去自信心。父母要及时鼓励孩子在适当的场合表现自己。

◎给孩子合理的期望——每个家长都会对孩子抱有一定的期望，从他们的言语中就会给孩子传递他们的预期。但是有些家长不结合孩子的实际情况，盲目地对孩子抱有过高的期望，会导致孩子的完美主义情结，如果孩子达不到父母的期望，心中就会有挫败感，有了多次这种失败的经历后，孩子就会在内心产生自我否定的心理，从而产生自卑感。

◎对孩子放手——独生子女家庭中，父母通常对孩子过于溺爱，孩子已经上学了还经常衣来伸手饭来张口，让孩子对大人产生依赖的心理，缺乏自信，觉得大人很强大，什么都会做，而自己很渺小，很无能，一旦发现同龄人比自己更独立，会做的事情更多的时候，就很容易产生自卑感。

◎提醒孩子过去的成功——有自卑心理的孩子往往不会记住自己的成功案例，作为家长就要经常地对孩子提起他过去有的一些很成功的表现，会让孩子觉得自己原来也能做这样的事情，从而增强自信。

◎鼓励孩子参加竞赛活动——经常让孩子参加一些相对简单的竞赛，使他们获得挑战者和获胜者的感觉，尝试成功的喜悦，有利于孩子树立自信，摆脱自卑。

◎鼓励孩子进行积极的自我暗示——心理学家莫顿曾提出"预言自动实现"的原则，认为人们具有一种自动实现预言的倾向。如果长期地为孩子设定一个稳定的形象，孩子就会离他越来越近。如果孩子将自己想象成为成功者，未来一定会有所作为。当孩子遇到困难，信心不足的时候，父母要及时鼓励孩子进行积极的自我暗示，暗暗对自己说"我一定能成功"。

◎保护孩子的自尊心——自尊是自信的基石，保护孩子的自尊心，对于孩子树立自信非常重要。有的孩子自尊心很强，做错了事情或者考试成绩不理想，内心就会很自责，如果父母不体谅他反而对孩子冷言冷语嘲讽，就会严重挫伤孩子的自尊心。如果父母此时积极鼓励孩子，引导孩子，孩子就会排解掉消极情绪，逐渐恢复自信。

第六课

自卑：家长的歧视是祸根

# 7

## 第七课

暴躁：

# 不要侵犯孩子的"隐秘"世界

暴躁是指在一定场合受到不利于己的刺激就暴跳如雷的人格表现。暴躁通常需要一定的情景，并不是任何环境都会出现这种情绪。暴躁一般只在亲朋好友或熟悉的人面前才会毫不掩饰，而在陌生的环境或者人面前则会有所控制。当人们在熟悉的人面前时，可以毫无顾忌地放松自己，而脾气暴躁的人如果遇到不顺心的事情，就会容易表露自己的情绪，激动愤怒，争吵甚至使用暴力。而在陌生人面前，为了保持自己的尊严，人们通常会有一定的忍耐度和控制力，性格显示就会有所缓和。

暴躁多见于青少年这个群体，我们常说"少年气盛"，指的就是少年儿童容易暴躁。青少年的这种性格主要表现在不能很好地控制自己的情绪，容易发怒，听到指责自己的话就火冒三丈，用尖锐的言语加以还击，严重的时候甚至使用暴力。在发脾气的时候，听不进任何劝导的话，对别人的批评很不服气。这类青少年群体通常缺少幽默感，处理问题方式简单，不能很好地面对生活中的挫折。

美国脑神经科学家对青春期群体进行的实验显示，青少年的大脑在这个时期已经大部分发育成熟，而跟情感、道德等情绪有关部位的发育却贯穿了整个青春期，这就导致了发育期的青少年有感情判断失常、举止暴躁等表现。如果他们顺利度过这一阶段，那么暴躁的个性就会随之消失。

虽然青少年个性暴躁、爱发脾气有一定的生理因素，但更多的还是与青少年自身素质以及外界环境等因素有关。首先，暴躁和遗传因素有一定关系。脾气暴躁的孩子家庭里往往有同样性格的人，受长辈情绪的感染和基因的遗传，孩子也会脾气暴躁。

其次，家庭教育也是孩子形成不良性格的重要原因。有的家庭对孩子过于溺爱，总怕孩子受委屈，对孩子的任何要求都轻易满足，逐渐养成了孩子的自我中心意识。当父母稍不满足的时候，孩子就大发脾气，而父母此时为了缓和孩子的情绪，马上对其投降，这就纵容了孩子暴躁的性格。有的家庭教育没有计划性，家庭成员之间意见经常不统一，这会增加孩子的受挫感，导致情绪波动大，容易养成暴躁的性格。还有的家庭，对孩子要求特别严格，孩子稍微达不到父母的要求，就对孩子进行惩罚，长期如此，孩子觉得心中压抑，当压抑过多的时候，孩子就会烦躁不安。

有个关于性情暴躁的孩子的故事。

一天，奶奶在做针线活，让他帮助穿针。他穿来穿去总是穿不进，就生气地把针摔在地上，抓起榔头去砸。

谁知，榔头没砸着针，却不小心砸痛了自己的手指。他更加生气，就把榔头扔到地上，抱起一块大石头，狠狠地去砸榔头。

不料，石头又没砸着榔头，反而砸痛了自己的脚。于是，他愤怒地抱起石头，向河边冲去，要把石头丢进河里，再也看不见。可是，由于跑得太快，一下子连人带石头滚进了河里。这时，他索性张开嘴，发誓要把河水喝干。然而，没等他喝干河水，就已经被淹得半死了！

这个故事说明了行事暴躁鲁莽的后果很可怕。

为人父母，最令人感到兴奋和满足的事情之一，就是每天看到孩子的新变化。从满地乱爬到蹒跚学步，进而拔脚飞奔；从咿呀学语到流利地交谈；从一丝淡淡的微笑到各种老练复杂的社会交往行为等等。然而，随着孩子自我意识的不断发展，他的个性也日益形成，尤其是青春

第七课 暴躁：不要侵犯孩子的「隐秘」世界

期的到来，使得孩子和家长之间的关系有了很大变化。

很多家长开始发牢骚："你说这孩子，动不动就生气，才这么点岁数就管不了了，该怎么办啊？""他这两年总和我生气，有时只是想让他早点起床，他就又摔东西又瞪眼的，早饭也不吃，唉！""你为什么不按照我的话去做？你到底是因为什么事生气呢？"

而孩子的怨言也越来越多："我妈总管我，烦死人了，家长是不是该给我们点儿自由？""我妈什么都想让我听她的，给同学过生日她管，穿件新衣服她也看着不顺眼，这个家让人窒息！"

孩子日渐增长的脾气，使父母们陷入了难以忍受的精神折磨之中。因此，孩子和父母之间的争吵日渐增多，亲子关系越来越紧张。对此，有关生理学家和心理学家研究表明，人在进入青春期时，体内也会出现荷尔蒙变化。因此，青春期的开始就意味着压力增大，情感和反应都会随之增加。

## 案例一：几块饼干引发的家庭战争

11岁的小珍是家里的独生女，一向被父母视为"掌上明珠"。一次，表妹来小珍家小住几天，刚开始小珍和表妹关系处得还挺好，但是有一天小珍的饼干剩的不多了，她打算着这次先吃一部分，下次再吃剩下的。但是表妹看到之后也要吃，小珍生气地一把将表妹推倒在地，小珍的妈妈看到后就让小珍分一些给表妹，小珍却很生气地拒绝了妈妈的提议，并说:"这是我的饼干,别人不能吃。"

作为女主人的妈妈觉得很过意不去,就强迫小珍给表妹一些饼干,哪想小珍却猛地站起身来,拿着饼干回到自己房间,还把门砰的一声关上,故意摔得很响,留下小珍的妈妈和表妹手足无措,小珍的妈妈甚至眼泪都要掉下来了。

>>>

小珍的家人并不是第一次见到小珍这么暴躁,有很多次情况比这次更糟糕,持续的时间更长,程度更为激烈紧张。长期以来,父母都在为小珍暴躁的脾气而苦恼。

事实上,有很多像小珍这样的孩子,那些对一般的孩子行之有效的策略(如解释、说服、安慰、教育、忽视、奖励和惩罚等)对他们根本无济于事。这样的孩子有着同样的问题:适应能力差、挫折承受能力弱,当他们遇到困难时,很难理智地思考问题。当面临与他们意愿相悖的情况时,他们就会很难接受,并会产生攻击性言语或行为。

暴躁型孩子的表现"千姿百态"、变化多端、没有规律可循。严重的孩子,每天都会发十几次脾气,而症状稍微轻点的孩子则会每周才几次。很多孩子只是在家里才会表现出暴躁的个性,而有的则相反,只在同学面前表现出暴躁的脾气,在家长面前,则是乖孩子。

暴躁型孩子通常有以下几点共同的特征:首先,这类孩子很容易有挫折感,对于挫折的承受能力相对较弱。与同龄孩子相比,这类孩子会为一些微不足道的事情感到沮丧和茫然,在他们眼中,很多平常的事都会变成不可征服的困难。而当遇到困难时,比其他孩子表现出更强烈的情绪变化,异常烦躁,行为毫无条理,并常常伴随愤怒的言语。

其次,这类孩子的自我管理情绪能力较弱。当遇到挫折的时候,这类孩子通常不能保持冷静,不知道该如何解决问题,也想不起以前

第七课 暴躁:不要侵犯孩子的「隐秘」世界

类似行为所产生的后果。如果受到父母的惩罚，反而会激化他们愤怒的情绪。

此外，暴躁行为往往是出人意料的出现。前一秒孩子还是心平气和、怡然自乐，突然受到外界的干扰，不管事情多么微不足道都会立刻大发雷霆。

暴躁型儿童是因为在生长发育过程中，适应力和挫折承受力的发展遇到了障碍，发脾气并不是他们故意和家长对着干，而是因为他们缺乏思维转换的能力。当一个孩子遇到困难，头脑一片混沌的时候，他不可能明白你的指令并顺从你的指令。相反，这些孩子并不能认识到自己的情绪状态，无法感受自己的情绪给别人带来的麻烦。作为父母，应该主动地关心孩子，帮助孩子认识自己的情绪，增强他们应对挫折的能力。

## 案例二：暴躁少年让父母束手无策

自从小鹏上初中以来，小鹏的父母已经记不清有多少次被老师叫到学校了，每次的原因基本都是小鹏和别人吵架、小鹏打了别人，弄得父母现在听到电话铃就以为是学校老师打来的。

小鹏是初二的学生，在他们学校，没有人不知道他的，他们班的同学几乎都让他打了一遍。有次上课铃刚响过，同学碰了他一下，示意他上课了，安静下来，他却不由分说，挥起双拳对着同学的胸口狠狠几拳下去，顿时同学脸色发青，捂着胸口蹲在地上呻吟，旁边的几个女生吓得大叫起来。老师赶到后将受伤的同学送到医务室，还没等批评小鹏，他的嘴里就开始大骂，一直等到家长赶来嘴里还在咕哝着。

后来了解到，小鹏的妈妈是高龄产妇，对孩子尤其溺爱，对他的任何行为都很纵容。而小鹏的父亲本身容易急躁，对小鹏的管教比较粗暴。每次小鹏的老师打电话给小鹏的父母，还没等老师说完，小鹏的父亲就开始批评小鹏。小鹏不听话的时候，父亲更是对他随意打骂，对孩子没有丝毫尊重。而在课余时间，父母对于小鹏做些什么也很少过问，这样小鹏就自己选择攻击性较强的漫画、电视、录像等来看，这又为他提供了模仿攻击行为的条件。

>>>

易怒、易暴、任性、多疑是同学们对小鹏的评价，简直就是人见人厌的"小恶霸"，他的行为引起了班上同学的极大反感和很多家长的强烈不满。

任何人都会有情绪波动的情况，每个人的生活中都难免会有困难和挫折，随之而来的烦恼自然会影响情绪。但是心理成熟的人，会在遇到消极情绪的时候，善于调节和控制自己的情绪。大部分青少年在成长的过程中，能慢慢学会调节和控制自己的情绪。

其实，孩子的任何一种不良行为背后，都会有一定的形成原因。孩子是家庭的一面镜子，有什么样的家庭，就会养出什么样的孩子。挑剔中成长的孩子学会苛刻，敌意中成长的孩子学会争斗，宽容中成长的孩子学会忍让，关爱中成长的孩子能感受到关怀，可见环境对孩子成长的影响太大了。父母是孩子的第一任老师，言传身教，父母的

第七课 暴躁：不要侵犯孩子的「隐秘」世界

言行举止时刻影响着孩子性格的发展。如果父母不注意自己的行为举止，给孩子造成负面的模仿对象，对孩子的个性发展就会形成障碍。小鹏母亲的态度纵容了小鹏的行为，而父亲则成为小鹏行为的效仿对象，小鹏成为学校"小霸王"就没什么好奇怪的了。

要想改变孩子的行为，父母首先要做出表率。家长要控制自己的情绪，不能用简单粗暴的态度对待孩子，减少不良语言，和孩子耐心沟通，给孩子树立正面的榜样。当孩子的坏习惯逐渐减少时，父母要及时给予赞扬，从正面对孩子的变化给予肯定、强化，能鼓励孩子将这种正确的行为延续下去。此外还要尽量避免孩子接触有暴力画面的书籍和影视剧，家长积极引导孩子多看一些有教育意义的书籍等。

另外，孩子缓解自己的情绪也可以从两方面来做。一方面，当受到外界刺激而冲动发火做出不理智行为，对付这种坏情绪要及时给予自己暗示和警告。当怒气从胸中升起的时候，就在心里对自己进行暗示：克制、再克制，当延缓几分钟的时候，心情就能够有所缓和，等心情平静的时候再处理问题，结果就会有所不同。

另一方面，当生活中积累了许多不如意的事情而引起情绪波动时，可以试着转移注意力，比如出去散步、听音乐或者向朋友倾诉等。心理学家研究表明，哭泣对缓解坏情绪有很好的作用。也可以做些积极的事情，改变自己的处境，开阔自己的视野，帮助自己从消极情绪中摆脱出来，重新对生活充满信心。

## 案例三：缺少玩耍导致性情暴躁

小岩今年12岁，在妈妈眼中，小岩一直是个懂事的孩子。由于父母离婚，小岩由母亲抚养。母亲目前做外贸服装生意，每到寒暑假，由于无暇照顾孩子，就将孩子送到远在老家的外公外婆那里。今年暑假，由于外公外婆年龄已高，无力再看管孩子，小岩的妈妈就没有将小岩送回老家去。为了孩子有人看管，妈妈为小岩报了英语、书画、钢琴、游泳等七八个兴趣班，每天从上午9点学到晚上8点，觉得这样既有人看管孩子，又能让孩子在暑期学到知识，一举两得。

谁料事情并不像小岩的妈妈想的那样，小岩只上了几天的兴趣班，就发生了很大变化，开始变得脾气暴躁，几乎天天和妈妈发生冲突，甚至对妈妈大打出手。而且小岩告诉妈妈不想上任何兴趣班，只想和同学朋友一起出去玩，甚至去外地旅游，妈妈不答应，便开始发火，踢桌子摔板凳的，简直和原来的小岩判若两人。儿子的变化，令小岩的妈妈很难接受。

一般来说，孩子从3岁左右就开始有自己独立的愿望，并产生了自我意识。他们不愿意事事都被父母约束，想摆脱父母的管教。如果家长不能按照他们的意愿行事，他们就会用愤怒的形式来表达自己的情感。

孩子通常不能清楚地表达自己的意思，因此和家长沟通就有一定的困难，在家长不太理解孩子的意思的情况下，家长如果坚持让他做他不愿意做的事情，他们就会用发脾气来表达自己的情绪。孩子的攻击性，并非品行不好，这是他发泄不满的一种方式。上述案例中小岩和母亲的冲突就是因为母亲给他报的兴趣班过多，他的压力太大，情绪无处宣泄的结果。

现在的孩子由于很小被送到托儿所，过早地被要求社会化，造成青春期提前。过去在中学时期才会出现的青春期，现在在小学就开始出现。青春期的提前也是小学生脾气暴躁增多的主要原因。某心理咨询师在工作过程中，曾听到一个小学5年级的男孩嘴里不断地说"我已经活够了"，令人震惊不已。现在的学生过早地受到来自父母和学校的压力，当找不到合适的宣泄压力出口的时候，就会无缘无故地发脾气。

某研究中心对中韩日美四国高中生学习意识与状况进行了对比研究，结果显示中国父母对孩子成绩期望最高，学生学习压力大，导致负面情绪多。

数据表明，中国父母比其他三国父母更关心孩子的成绩。有24.5%的中国父母要求孩子进前10名，而美国父母较多地只是要求孩子成绩处于中上水平。只有7.3%的中国父母对孩子的名次没有要求，而日本父母中却有42.3%对孩子名次没有要求。

对于学生的调查显示，86.6%的中国学生认为自己的学习压力大或比较大，处于四国学生压力之首。高于日本（69.0%）、韩国（74.8%）和美国（67.1%）。中国学生的学习压力主要来源于父母的期望、自己的期望和同学的竞争。中国学生中有烦躁情绪的高达

76.0%，远远高于其余三国。而给学生带来负面情绪和不良行为的第一原因都是考试、学业压力。

因此，当假期来临的时候，是孩子休整的最好时期，这个时间正好可以为孩子减轻负担，让孩子度过一个轻松的假期。如果家长以学习的名义给孩子报了很多课外班，上课时间比正常上学时间更长，甚至比平常还累，孩子当然会有不良情绪，甚至可能出现厌学，从而影响到开学后的学习状态。

给父母的建议

◎不要向孩子的哭闹妥协——当孩子对父母不满意的时候，通常开始哭闹。对于低龄儿童可以试着转移其注意力，比如给他有吸引力的玩具或者做游戏，也可以冷处理，暂时对哭闹的孩子不管，但是要注意在孩子没有危险的情况下，家长才可以离去。当孩子意识到这种行为起不到任何作用的时候，就会减少这种行为。对于大龄的孩子，在保证安全的情况下，可以将他隔离到一个单独的房间内，告诉他这是对他无理取闹的惩罚，必须要在屋里待够多长时间才行。等孩子情绪平静之后可以和孩子讲道理，让孩子明白：凡事必须讲道理。

◎给孩子一个良好的家庭氛围——家之所以为家，是因为有爸爸也有妈妈，如果父母相亲相爱，那么孩子感受到的也都是爱。他们会用这种健康的爱去爱自己，去爱别人。相反，如果父母天天吵架，则会引起孩子的反感，进而感到自卑，去封闭自己，或者放纵自己。父母双方首先要对自己的婚姻负责，给孩子创造一个良好的家庭氛围。如果孩子不能在家中得到足够的爱，就会在性格发展方面产生障碍。

◎家长教育方面保持一致——如果家庭成员之间教育方式不一致，就会使孩子有机可乘，或者造成孩子大脑的混乱，分不清到底哪些话要听，哪些话可以不听。实在不能达成一致，则宁可放弃当时的管教，事后再作处理。如明知祖辈家长会表示反对意见，就干脆等孩子单独和自己待在一起的时候再处理这件事情。

◎冷静面对孩子的负面情绪——对于脾气暴躁的孩子，有时我们也很生气，总有一种冲动想去打他，可是这并不能从根本上解决问题，要想让孩子改掉坏习惯，我们作为家长只有让他明白什么是对的，什么是错的。当孩子发脾气时，家长首先要克制自己的情绪，可以抱起孩子轻轻地安慰他："妈妈知道你现在很难过。"这样，孩子就会感觉好多了，慢慢就会平静下来。事实上，孩子也并不愿意发脾气，只是他没有更好的方法使自己平静下来。而家长如果对孩子的负面情绪反应太过强烈，不分青红皂白地批评、指责，结果使孩子原本欠佳的心情更加糟糕，可谓"火上加油"，恶性循环。

◎不要让自己暴躁的脾气影响孩子——一项青少年心理问题的调查结果显示，父母情绪急躁等是引发子女产生心理问题的重要原因。情绪急躁的父母在与孩子相处时，对自己的情绪调节和控制能力差，容易将生活工作中的不如意随意发泄在孩子身上，使其受到精神痛苦和心理压力，影响孩子的心理健康发展和成熟。

◎不要过多限制孩子——孩子到了一定年龄，会有要求独立的意愿，如果这种意愿被家长阻止了，不仅令他们产生愤怒的情绪，还会挫败他们刚刚萌发的积极性。因此，家长不要过多地限制孩子的行为，不要对孩子说不能这样、不能那样，要对孩子逐渐发展起来的这种独立意识进行保护。如果孩子因自己能力达不到而发脾气，家长不要批评，反而要多鼓励，教给他们正确的方法。

◎绝对不能打孩子的五种情况——几乎每个家长都会有打孩子的经历，但是在五种情况下，绝对不能打孩子：一、孩子犯错误并不是自己的原因，而是父母没有及时清楚地告知孩子什么是不能做的；二、孩子和父母犯同样的错误，父母自己都还犯这样的错误，没有以身作则，更不能惩罚孩子；三、父母生气的时候不能打孩子，在生气的时候，自己的情绪难免失控，打孩子有可能只是情绪的宣泄，而打的轻重可能会失去分寸，容易打伤孩子，也不能给孩子讲清楚打的原因；四、心理脆弱、敏感、受到伤害等心理承受能力相对较差的孩子不能打；五、四岁以下的孩子不能打，三岁的孩子处于游戏期，孩子的自主意识开始增强，如果这个阶段打孩子，会影响他们正常的心理和生理发展，阻碍孩子健康成长。如果家长实在不能控制自己的情绪，可以让别人把孩子带走或者自己离开，等冷静下来，再和孩子交流。此外，父母能控制自己的情绪，对孩子也是很好的榜样，同时可以把这种方式教给孩子，让孩子也学会控制自己的情绪。

◎不要给孩子太多的学习压力——随着孩子的成长，学习任务越来越重，压力越来越大，面对学习压力，许多孩子会变得暴躁，甚至厌学、弃学。家长应该对孩子细心疏导，既不能放任自流，也不能事无巨细过度操心，整天唠叨。家长平时和孩子要多交交心，了解其学习状态。当孩子情绪出现异常波动时，家长要及时引导。

# 第八课

恐惧：
你是否给了孩子足够的爱？

青少年心理课堂

恐惧，是人类及生物的一种心理活动状态，是当遇到不可预料或不确定因素，企图摆脱、逃避这种情景而又无能为力的一种强烈的心理反应。当面临威胁时，恐惧的人通常表现出很高的警觉，如果威胁加剧，就会发展为难以控制的惊慌，甚至出现行为失控状态，出现恐惧状态时，通常伴有很强烈的生理反应。恐惧症是由恐惧情绪发展出的一种病态形势，患有恐惧症的人通常对某些特定事物表现出极度的、非理性的害怕。一旦遇到这类事物，恐惧症患者会产生条件反射式的恐惧情绪，并千方百计地想要逃避这种环境。

恐惧是伴随着人的生命而产生的，最近相关的医学和心理学家的研究表明，恐惧是从人出生的时候便产生了。恐惧与人所处的外界环境紧密相连，不同的人对同一事物的恐惧感觉有很大差异，同一件事情，对一个人来说可能根本没什么可害怕的，但是对于另外一个人来说，却恰好是他最害怕的。

对某些情景、某些事物、某些特殊对象的恐惧是孩子成长过程中普遍存在的一种心理现象。德国心理学家所做的调查显示，在当今6岁至14岁儿童中，他们最恐惧的不再是杜撰出来的妖魔鬼怪，而是担心实际生活中遭遇突发的暴力事件或者灾难。在所有被调查对象中，6岁至11岁女孩的恐惧心理最强。生活环境不同，恐惧心理的强度也不同，大城市的孩子恐惧心理相对较弱。

引起儿童恐惧的原因有很多种：小孩子生活经验和知识相对贫乏，比如很多孩子怕黑是不能理解黑暗中的世界是什么样子的，为什么会有黑暗，如果不能从大人那里得到合理的解释，就会按照自己的理解来解释黑暗，就会产生恐惧情绪；孩子的某些经历也会引起他们的恐惧心理，"一朝被蛇咬，十年怕井绳"就是这种心理，一个孩子如果小的时候被狗咬过，再见到狗的时候，就条件反射式地产生恐惧心理，甚至只是想起来狗就会害怕；孩子很容易受到其他人的情绪感染，当看到或听到别人的恐惧情绪时，会跟着产生恐惧心理；此外，孩子的恐惧心理跟父母的教育方式也有很大关系，如果在孩子小的时候，父母经常用可怕的东西吓唬孩子，时间长了，孩子就会产生恐惧心理。

心理学家提醒父母们一定要重视孩子们的心理活动，了解孩子恐惧的感觉非常重要，儿童一般很难说出他们的恐惧，但是会通过其他方式表现出来，如身体不舒服、逃学之类。家长一旦发现孩子的异常情况，一定要抽出时间认真和孩子沟通，了解让他们恐惧的原因，引导他们正确面对恐惧，才能保证他们身心健康地成长。

有很多在大人眼里不值得一提的事，对于孩子来说，却会在他们幼小的心理产生恐惧感：大街上凶巴巴的大黄狗、害怕被坏人带到爸爸妈妈看不见的地方……由于对事物的认识水平低，对客观环境的适应能力差，适应方式简单，控制及调节情绪能力差，孩子会对特殊事物或情境（如飞行、高处、动物、打针、看见血等等）出现明显和持续的恐惧。偶然的害怕、恐惧是孩子对周围环境、事物的正常反应方式，也是一种天生自我保护机制的结果，很多时候能够帮助他避开危险境地。并且一般随着时间的推移，孩子的恐惧情绪会逐渐消失的。因此，父母不必为孩子的恐惧心理过分担心。但是，假如孩子总是为一种恐惧内容的存在而长期出现恐惧情绪，或者当孩子害怕该年龄阶段的孩子所不该害怕的事物，则说明孩子心理的发展出现了问题，这就需要父母认真对待。先找出孩子产生恐惧心理的原因，然后对症下药，帮助孩子克服恐惧心理。

第八课　恐惧：你是否给了孩子足够的爱？

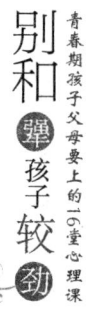

## 案例一：怕狗的女孩

佩佩是个六岁的女孩，聪明活泼，讨人喜欢。可是，最近妈妈发现佩佩有点奇怪，以前每天吃过晚饭，佩佩都和妈妈到小区里散步，可是最近佩佩死活不肯下楼了。妈妈哄了好几次，佩佩还是不肯出门。妈妈耐心地问她："佩佩，你为什么不肯去散步了？"佩佩小声说："草地上有个阿姨牵着一条好大的狗，我好怕。"妈妈哄她说："可是阿姨牵的狗又不咬人，不用怕呀。"可是佩佩还是坚持不肯下楼，当妈妈连哄带骗把佩佩拖下楼去的时候，佩佩居然哇哇地大哭起来。

妈妈突然想起来一件事，原来佩佩三岁的时候，有一次在乡下奶奶家，有一只大黄狗对她汪汪叫，后来还挣脱绳子扑到了佩佩身上，从那以后，佩佩一看见狗就浑身哆嗦。

∙∙∙∙∙∙∙∙∙∙∙∙∙∙∙∙∙∙∙∙∙∙∙∙∙∙∙∙∙∙>>>

孩子害怕猫狗一类的动物，是很普遍的现象。作为父母，一定要帮助孩子消除这种恐惧情绪。比如，如果孩子怕狗，父母可以对她说："小狗，多可爱，它会汪汪叫呢！""一只白白的小狗，好胖哩！""我们一起来了解狗，看看狗想说什么。它在摇尾巴吗？我们敢拍拍它吗？"用语言帮助孩子，消除他对动物的误解和害怕。妈妈充满信心的口吻和态度对孩子尤为重要。或者可以先给他一只玩具狗，看一些关于狗的图画，讲一讲狗的故事，再与真狗接近；在与真狗接近的训练中，不要超过孩子能接受的程度。让孩子先在他认为安全的距离观察狗，然后选择对人友善、孩子比较熟悉的小狗，让孩子接近它。例如每天让孩子多靠近体形较小的狗几尺，然后再教孩子如何接近狗，如何与狗"说话"，如何与狗玩，同时还需要让孩子知道对狗叫感到害怕是无关紧要的。这样循序渐进，孩子就会逐渐地不怕狗了。

## 案例二：死亡恐惧如影随形

小柯是高中二年级的学生，在别人眼中的她几乎是完美的：成绩好，有才气，身材、长相、气质都很好，父母都是机关干部。在外人看来，一个女孩子拥有这样的条件可以说是上天的眷顾，但是在小柯的内心却很自卑。最近，她总是感觉心慌、失眠，总是怀疑死亡随时降临到自己身上，哪怕别人随意的一句

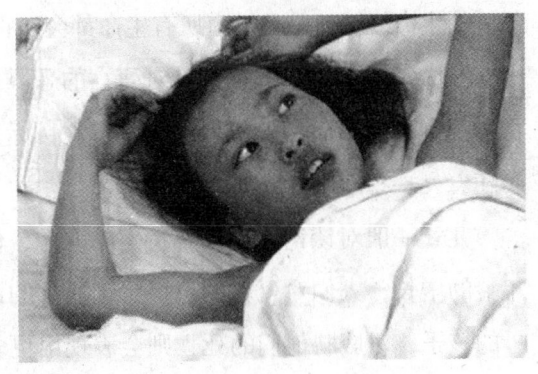

话。比如有次去亲戚家吃饭，亲戚家的孩子不在家，那位亲戚就说，等她孩子回来的时候，小柯可能就不在了。虽然小柯明白亲戚的意思是，她家小孩回家的时候，小柯已经不在她家了，但是她还是理解为自己已经不在人世了，于是越想越害怕。

小柯的父母工作很忙，在小柯很小的时候，就将小柯放在奶奶家。在小柯的心目中，奶奶就是她在这个世界上最亲的人，甚至超过父母。但是不久前，奶奶去世了，而且又发生了很多巧合的事情：在奶奶去世前，小柯梦见自己的牙齿掉了，以前听说过梦见掉牙齿，家里的老人会去世；而奶奶去世的日期恰好是小柯的生日。所以种种巧合让小柯觉得这是命运给她的暗示，预示着她不久将会死去，于是小柯每天都处于对死亡的恐惧之中，就连妈妈帮她办身份证时，照照片也会觉得是遗照。

· · · · · · · · · · · · · · · · · · · · · · · · · >>>

心理学家皮亚杰等曾研究得出，不同年龄段对死亡的理解不一样，儿童对死亡概念的理解与他的认知发展阶段对应，主要分四个阶段：1-3岁婴儿期无法了解死亡是什么，却可以清楚察觉与死亡相关的事物；3-6岁幼儿期视死亡为暂时性且可以恢复。常将死亡与睡着或旅行相连，有时会害怕睡觉；5-9岁童年早期，相信死亡是最后的终结即持久的，但不认为死亡是不可避免的；9-12岁了解死亡不仅是生命的终结，而且是不可避免的，普遍存在的；青春期，相信死亡是不可避免的，持久的，是最后的生命终结，并且知道所有生命都会死亡。

在大多数文化中都存在着对死亡的恐惧。这种恐惧不一定是针对死亡过程本身的，而是由于人们担心实现目标、享受人生的所有可能性都会随着死亡一起消失。

儿童一般对谈论死亡没有特别的顾虑，他们不回避这个主题。随着年龄的增长，人们对死亡的恐惧少于通常的设想。但是那些还依赖于父母的孩子，对威胁他们的死亡则会表现出更多的恐惧。

当孩子感到害怕和恐惧时，父母的正确引导极为重要，否则，恐惧将会在孩子心中生根发芽，影响孩子的成长和心理发育。如果孩子太小不能准确表达自己的情绪，父母可以对他们运用抚摸和搂抱等肢体语言，及时对他们进行安抚。当孩子能表达自己的情绪时，父母在用拥抱安抚孩子的同时，要认真地倾听孩子的描述，并设身处地地体会孩子当时的心情，让他们有认同感，不能一味空洞地说教恐惧没有必要，更不能流露出对孩子嘲笑的意味。父母不能对孩子的恐惧表现出过分的焦虑，这样反而强化他们的恐惧感，应该积极地帮助孩子想出应对之策，及早地消除恐惧情绪。

对于青少年对死亡的恐惧，可以结合年龄特点进行直截了当、简单明了的解释。首先认同孩子对死亡的感受，如果孩子比较亲的人逝世，可以通过给孩子讲述对已故亲人的思念和缅怀，让孩子感到温暖而不是联想到自身的死亡恐惧，并且告诉孩子人可以坚强地生活。同时注意在和孩子谈论死亡的时候，不要谈得太深，以免加深孩子的恐惧或让孩子产生消极思想。

## 案例三：别让孩子在黑暗中发抖

小薇是个10岁的女孩，从小到大，小薇都特别怕黑。晚上自己一个人从来不敢去卫生间，都是要妈妈陪着才敢去。有时候晚上妈妈叫她去厨房拿点水果，虽然客厅的灯光是可以照到厨房的，小薇还是不敢去，要不就是一溜小跑去，拿了就赶紧跑回来，好像很害怕的样

子，至于睡觉的房间，如果灯不亮，小薇是绝对不敢去的。有一次小薇一个人在厨房里，家里突然停电了，妈妈和爸爸忙着找手电筒、蜡烛等，等到想起小薇的时候，妈妈赶忙喊着小薇的名字来到厨房里，用手电筒一照，只见小薇一个人蜷缩在角落里，面色苍白，浑身发抖，瞪着一双惊恐的眼睛，她看见妈妈，哇的一声哭了出来。

>>>

许多孩子都怕黑，尤其是女孩子，不敢到比较黑暗的地方去，不敢在黑暗中入睡。孩子的想象力丰富，有时候会分不清现实与想象的界限，想象黑暗中有妖魔鬼怪等看不到摸不着的东西存在，所以在黑暗中容易把恐惧扩大化。如果这种恐惧不能很好地消除，随着年龄的增长，有时候这种恐惧会慢慢减弱，有时候也会形成习惯，有些孩子甚至到了十一二岁，一旦独自处于黑暗之中，依然会浑身冒冷汗。

因此，作为父母，一旦发现孩子有怕黑的倾向，一定要帮助孩子克服。比如孩子睡觉时怕黑，可留盏小灯，或父母看着他入睡，孩子会比较容易睡着，以后也就逐渐地不怕黑夜了。千万不可强硬地把孩子丢入黑暗恐怖的环境中，否则将会使孩子变得更加害怕相应的情景。如有一位妈妈在回忆她小时候害怕在黑暗中睡觉时说："我妈常说害怕黑暗是愚蠢的，并且关灯，带上门。当然这样只能使我更害怕。"所以，为了培养出一个勇敢的孩子，父母在孩子面前应时时注意自己的言行，千万不要吓唬孩子，可以试着让孩子在黑暗中寻找某件家具或者某个物品，增加孩子触摸、感受黑暗中物体的机会，熟悉黑暗中的物体，与黑暗中的物体建立亲和性，这样孩子就会慢慢地适应黑暗，熟悉黑暗，恐惧也就慢慢会消失。

　　小敏的妈妈最近一直很不安，因为一连好几个晚上，她都被隔壁小敏的惊叫声惊醒。当她慌慌张张地来到小敏的房间时，只见小敏满脸汗水，眼神慌乱。妈妈问她怎么了，小敏说刚才看到一头饿狼在追赶她，她拼命地逃，一面逃一面往后看，只见狼的眼睛发着饥饿的绿光，眼看着就追上来了，于是小敏突然间就吓醒过来。

呵！还好是梦！

　　孩子晚上睡觉常会做噩梦，而且从梦中惊醒后仍能生动地回忆起噩梦的内容。这些梦境，总是非常可怕，使做梦的孩子处于极度焦虑之中，或为妖魔鬼怪所玩弄，或被坏人猛兽所追赶，或是自己及亲人陷入某种灾难的边缘等。这让很多父母常常为此感到担心。其实，噩梦是睡眠过程中一种常见的生理现象，一般来说不会有什么严重后果。但是如果经常被噩梦惊醒，家长们也应该及时对孩子进行引导，帮助孩子走出噩梦的困扰。

　　心理学家分析，孩子做噩梦前大多有过心理矛盾，情绪焦虑，或因

第八课　恐惧：你是否给了孩子足够的爱？

看了恐怖影片，听了吓人的故事等。因此消除恐怖诱因是让孩子摆脱噩梦的前提，在孩子睡觉前，不要让孩子看恐怖刺激的电影，或者打骂孩子，或者随意对孩子说"再不听话就把你关在黑房子里"、"爸妈不要你了"、"再淘气就让老虎半夜把你叼走"等带有恐吓性质的语言刺激孩子，否则易导致孩子噩梦连连。

给父母的建议

◎不要恐吓孩子——很多父母为了让孩子听话，常常拿一些恐怖的东西吓唬孩子，如"你再不睡觉，就会有妖怪来咬你"等。父母是孩子的第一任老师，父母的言行对孩子有很强的潜移默化的影响，如果家长常拿一些恐怖的东西来吓唬孩子，虽然一时之间能产生作用，但是对孩子的心理发展却有着不可估量的负面影响，得不偿失。因而家长要培养孩子坚毅勇敢的性格，帮助孩子克服恐惧心理，而不是为他种下恐惧的种子。

◎给孩子安全感——心理专家研究，青少年的恐惧情绪与小时候缺乏父母关爱，没有安全感有关。如果小时候父母常常忙于工作而疏于照顾孩子，或者小时候缺少玩伴，长大后的孩子大多缺少安全感。因此，作为父母，为了孩子能健康成长，无论多忙，都要抽出时间给孩子足够的关怀和爱护，和孩子沟通，给孩子引导。

◎不要嘲笑孩子的恐惧——对孩子的恐惧情绪不能忽视，但是也不能大惊小怪，更不能嘲笑孩子。如果对孩子的害怕情绪一味地指责、批评、生气，不但对孩子情绪的缓解无济于事，还会加重孩子的焦虑情绪。如孩子害怕黑暗，家长就嘲笑孩子胆小鬼，吓唬他不让哭；孩子害怕打雷，家长就说雷声有什么好害怕的，怎么还跟小孩子一样。这些话语会刺激到孩子幼小的内心，孩子会变得更胆小。对待孩子的恐惧，父母要心态平和，对孩子进行引导，讲解相关知识，消除孩子的恐惧情绪。

◎多给孩子讲解常识——孩子害怕某些事物，常常是因为没有足够的知识储备，一旦明白事物的原理，心中的恐惧自然会随之消失。如果孩子害怕雷电，家长可以给孩子讲解雷电产生的原因，给孩子说明雷电只是一种自然现象，从而消除他的恐惧。此外，家长还可以经常带孩子接触大自然，了解大自然的规律，让孩子亲眼看到，亲耳听到，相信科学，就不会有内心的恐惧了。

◎不要过分保护孩子——很多父母尤其是祖辈，常常担心自己的孩子受别人欺负，或者跟其他孩子学坏，就不让孩子出去和小朋友一起玩耍。孩子小时候缺乏玩伴，在成长过程中，就缺少社交经验，缺少处理相互之间矛盾的技能与经验，会形成孤僻的性格，上学后和同学关系不融洽，会导致厌学，害怕去学校等等问题。此外，孩子接触的东西少，就会胆小怕事，也很容易产生恐惧心理。因此，家长要在一定范围内对孩子放手，不要将孩子牢牢地拴在自己身边。

◎不要让孩子接触恐怖影视剧、图书——孩子的知识和理解能力和成人有很大差距，经常看有恐怖情节或画面的图书和影视剧，或者听过多妖魔鬼怪的故事，也会导致孩子产生恐惧心理。

◎在游戏中远离恐惧——当孩子害怕某种事物的时候，可以通过游戏对孩子进行矫正。根据孩子恐惧的事物，设计一些游戏，使孩子在轻松愉快的氛围中认识到，原来自己害怕的东西并不太可怕，甚至还有意想不到的妙用。如孩子害怕黑暗，可以与孩子一起将房间的灯关上，在黑暗中进行寻找游戏，当经历过多次这种游戏后，孩子就不再害怕黑暗。

◎用笑声驱赶恐惧——如果孩子害怕的程度不是很强的时候，可以鼓励孩子用笑声将恐惧赶走，释放出恐惧引起的紧张情绪。当孩子的害怕情绪有所减轻的时候，家长可以装出自己也害怕的样子，逗引他发笑，甚至让孩子也加入家长的表演之列。在这种游戏体验之后，孩子就不再害怕这种事物。

◎告诉孩子即将发生的变化——当环境发生重大改变的时候，家长一定事先要让孩子知道，留给他们足够的时间调整心态。如父母离婚，孩子会产生很强的恐惧心理，这个时候，家长一定要提前告诉孩子家庭里即将发生的变化，并让孩子认识到，环境的变化对他本身不会有太大影响，不会失去父母的爱，他仍然是安全的。

# 第九课

打架：

别让孩子在家里看到暴力

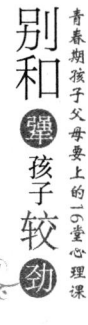

青少年心理课堂

打架在我们日常生活中并不少见，或许很多人是司空见惯。不管这种行为的原因是什么，打架都是一种非常粗鲁的、不理智的行为，严重的会伤及性命，触犯法律。

打架的原因各种各样，小到日常生活中鸡毛蒜皮的琐事，大到国恨家仇，而最根本的则是人们的法制和道德观念不强。规模小的可以关系到个人或者群体，规模大的就上升为战争，会造成严重的后果。

青少年处于情绪情感急剧变化的阶段，心理学家常常把这个阶段的情绪比喻为"疾风暴雨"。情绪上的变化往往会表现在行为上，从而引发打架事件的产生。此外，青少年情绪如果得不到及时的发泄，往往会积聚于心中，对很多事情容易记仇，很可能当时没有得到调解的小事，成为日后暴力行为的导火索。

具有较强暴力倾向的青少年，往往自制力较差，缺乏组织性和纪律性，易受外界刺激。自制力差的青少年通常在学业上毫无建树，他们常被老师和同学排斥，甚至家人也对其冷嘲热讽，为了挽回自尊，这类学生往往借助暴力来达到目的。

据调查，近年来青少年打架斗殴引起的损害赔偿案件数量逐年上升，在损害赔偿案件中已占到约11%，其数量之多令人触目惊心。并且参与打架的青少年年龄越来越小，这些青少年往往是初生牛犊不怕虎，打起架来不计后果。

要阻止青少年打架的行为，必须先转变他们的价值观，让他们认识到人生的短暂，生命的可贵，在有限的生命中，要给社会、给亲人、给身边的朋友们带来正面的影响，善待周围的人，自己也会获得别人的尊重。青少年如果能了解到生命的短暂、可贵、美好，他们就自然明白自己应该怎么做了。


初三女生在放学路上被几名女同学围殴，拳打脚踢、扇耳光，用雨伞打头，吓得几天不敢上学；

女学生在众目睽睽之下，在自己上课的教室里，被同班女生拳打脚踢，继而又被拽进女厕所"教训"了一个多小时，被打了几十个耳光，还被逼磕头；

某高中女老师因批评了一个调皮的学生几句，被学生在教室里捅死；

某中学两名学生因为一支铅笔发生争执，进而开始打架，结果其中一人被另一人打死；

某中学女生因为被怀疑向老师打小报告，被同班十多名同学群殴，拳打脚踢、打耳光和罚跪，这次惨无人道的暴行持续了十多个小时才停止。

……

学校本是喧嚣尘世当中的一片净土，学习知识的殿堂，然而，近年来种种青少年打架的事件在各种媒体上频频出现，这种暴力行为已经不能仅仅用打架来形容。为何青少年打架事不断升级，本来应该是纯真、美好的青少年，内心为何被暴力所充斥？

当被问及为何打架的时候，某些参与打架事件的学生在事后这样说："时间长了不打架就感到特别难受，每次打完架浑身就觉得轻松起来。"有的则回答："心情不好的时候，我觉得对方不顺眼，便会挑衅与他打架。"

这样的回答让人听后很无奈，一声叹息之后，让人想得更多的是这些青少年背后教育的缺失。

第九课 打架：别让孩子在家里看到暴力

## 案例一：高中少年因打架而失学

小安今年18岁，正读高二，学习成绩一般。小安是父母的"掌上明珠"，因为家里"三代单传"，所以爷爷奶奶对小安更是溺爱得很，这就让他从小养成了霸道的性格，凡事爱逞强，遇到不满意的事情就容易冲动，长大后养成了打架的坏毛病。

有一次上课的时候，他向别的同学借课本，被那位同学拒绝了，他就重重一拳打在那个同学的脸上，把同学的鼻梁打成了骨折。事后小安认识到了自己的错误，并主动向那位同学道了歉。

其实小安的人际关系并不是太差，也有不少关系不错的伙伴，就是每次遇到事情的时候控制不住自己的怒火。由于小安打架的行为屡教不改，终被学校除名。

>>>

小安并不是没有道德感，只是遇事具有很强的暴力倾向。这首先与他所处的家庭环境有很大关系。家庭教育对孩子的成长非常重要，家庭成员对孩子过于溺爱、纵容，就会影响孩子性格的健康发展，使孩子养成缺乏同情心、凡事以自己为中心、做事不计后果、心胸狭隘等不好的毛病。

父母作为孩子的第一个启蒙导师，应该对孩子采取正确的管教态度。一方面不能对孩子过于溺爱，另一方面也不能经常采用暴力手段使孩子无条件服从家长。暴力惩罚不但不能从根本上改变孩子的行为方式，反而会让孩子染上暴力倾向。

据相关调查表明，家长管教孩子的暴力手段对孩子有消极影响，孩子在这种氛围中成长多感到压抑、性情暴躁，长大后比没有受到暴力惩罚的孩子具有更强的攻击性行为。因此，家长应消除对孩子的暴力手段，给孩子提供一个和谐轻松的家庭环境，为孩子树立一个良好的模范作用。

有暴力倾向的孩子做事一般比较冲动，对挫折的忍耐力比较差，因而要增强孩子对困难的忍受程度。平时多和孩子沟通，学会倾听孩子的心声，引导孩子正确及时地发泄心中的苦闷，教会孩子换位思考，体会被伤害者的痛苦，从而学会自我反省，达到减少暴力行为的目的。

孩子有暴力倾向也受到来自社会各个方面的影响。各种媒体常常会传播带有暴力行为的信息，青少年经常接触这种暴力内容，就会模仿其中的情景，认为这样很"酷"，很有型，会受到同学们的追捧。比如，有的青少年看了《古惑仔》后，也有想要学剧中人物做大哥的冲动，当其他同学对他的话唯命是从，别人也不敢对他说"不"的时候，他觉得很有成就感。

心理专家认为，青少年因为心理发育不成熟，容易对角色认同，进而被"角色病毒"所感染，深陷剧情中不能自拔，并把电视剧情节带入现实生活，长期收看有暴力情节的电视剧，容易产生心理的投射效应，以剧中角色自居，并可以模仿角色行为，误入歧途。

学校对学生品行教育的缺失也是助推孩子暴力发展的原因之一。长期以来的应试教育，学校只重视学生的分数，而在道德教育方面明显不够，只有出了问题后采取一些惩罚措施，不能从思想上对这类学生进行改造，因而学生并不能真正认识到自己的错误，反而会发展出更深的心理问题。

## 案例二：内向少年为维护友情打架被拘

小可是个看上去安静内向的男孩子，16岁的他正在读高中，在校成绩还算不错，平时和老师同学的关系也比较和睦。他的父母是私营

企业主，有自己的工厂，整日忙于事业的他们平日里无暇顾及小可的学习生活太多，只是尽量满足小可的物质需求。

事发的时候小可正在学校图书馆，他接到一个朋友的电话，说自己在学校附近的网吧里被人打了，让小可过去帮忙。正在看书的小可当时并不想去，但是想到这个朋友平时和自己关系还不错，而且也经常帮助小可，他就去了。由于对方是一个人，小可和朋友将对方打成了重伤，有人报警之后，小可和朋友就被警方拘留了。虽然后来被放了出来，学校也给了他们留校查看的处分。

心理专家指出，青少年在心理发展过程中，如果得不到家人的支持与关爱，就会转而向别的方向索求。小可的父母因为忙于事业，在小可的成长过程中，很少和他进行心灵的沟通，没有满足小可内心发展的情感需求。小可的心理发展一直停留在某个阶段，心理的发育水平落后于社会与生理的发展需要。内心时常感到孤独，在家庭中缺乏归属感与安全感，而在学校同学中，朋友之间义气为重，因而当在学校遇到投缘的朋友，能倾听他的心事，帮助他解决老师和家长解决不了的问题时，小可就会觉得不想有任何事情影响这段友情，哪怕为了朋友打架，也不计后果。

家庭对孩子发展的不良影响，是造成青少年行为偏差与社会适应不良的重要因素。青少年在成长过程中会遇到各种各样的心理问题，家庭应该是孩子情绪发泄和心理辅导的首选。而实际上很多青少年并不能从父母那里获得及时的帮助和引导，如果孩子到家庭之外的环境中寻求帮助，由于青少年本身还不能很好地辨别是非，就很有可能走上歧途。为此，许多心理学家呼吁，为了青少年健康成长，家庭和学校要共同努力，为其建立温暖而有益的心理发展环境。

此外，青少年喜欢刺激性活动，比较冲动，尤其经不起挑逗和激将，做事也往往不计后果，一旦被嘲笑，很容易出现暴力行为。英国伦敦大学学院神经科学家斯蒂芬妮·伯内特博士表示："与儿童有所不同，青少年能够权衡自身行为的好坏利弊，但他们更关注这些行为能否给自己带来快乐和刺激，而不是安全与否。"据一项对全国10个省市未成年人罪犯进行的抽样调查显示，有不少孩子在实施犯罪行为时，不知道这是违法犯罪，也不知道将会受到法律的惩罚。可见，法律意识的缺失、法律素养的淡薄也是造成青少年暴力行为的重要原因。

第九课　打架：别让孩子在家里看到暴力

## 案例三：初中男生遭受校园隐性暴力从家中偷钱

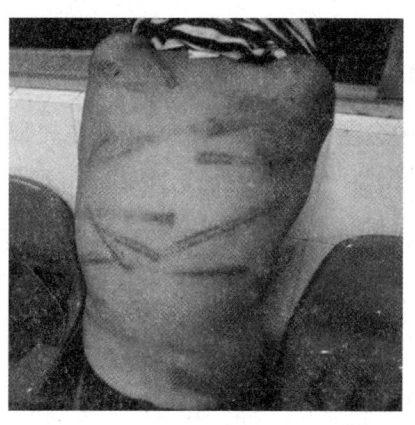

14岁的小韩今年读初二，他在父母的眼中一直是乖孩子。一次偶然的机会，父母发现小韩从家里偷偷拿钱，刚开始问起的时候，小韩并不承认，后来被母亲当场发现，小韩却痛哭起来。他向妈妈哭诉，他从家里拿钱并不是他的本意，在过去的三年中，每隔一段时间，他就会被高年级的学生在上学或放学路上拦住要钱，每次劫钱的数目在50元左右，如果小韩不给，就会受到一阵拳打脚踢，很多次小韩为此伤痕累累。

刚开始的时候小韩以种种借口向家里人要钱，但是时间长了，就没那么多理由了，只好从家里偷钱，由于每次偷的数目并不多，父母也一直没有发现。因为这件事，小韩三年来从来没睡好过，经常夜里做噩梦，梦见同学向他要钱、打他，逼着他回家偷钱。

一份权威部门的调查问卷显示：36.9%的初中男生被欺负过或被劫过钱，6.8%的初中女生也有过这种经历；在小学，这种情况更严重，被欺负过或被劫过钱的小学男生比例达到了47.4%，在小学女生

中，比例也达到了11.9%。还有56.8%的初中男生、34.2%的小学男生、29.5%的初中女生和15.3%的小学女生亲眼目睹过别人被打或被劫钱。

对于是谁欺负了孩子，调查结果显示：24.3%的初中男生和34%的小学男生认为欺负自己的人是校内同学；17.1%的初中男生和19.1%的小学男生认为是校外同学；21.6%的初中男生和15.8%的小学男生认为欺负自己的人是"不上学的坏孩子"；有32%的初中男生和25.5%的小学男生不知道欺负自己的人的身份。校园的部分孩子和比例不小的辍学者是最大的施暴者。

而被家长视为掌上明珠的孩子在外受到欺负后，又是怎样的一种心态呢？调查结果显示49.5%的初中男生、43.9%的小学男生、54%的初中女生和55.5%的小学女生都觉得被同学长期欺负心理受到伤害。40%的中学男生和46%的小学男生，33%的初中女生和小学女生都曾为受欺负而苦恼过。

面对这样的调查结果，每一位家长都会担心在"校园暴力"的阴影下，怎么样才能保护自己的孩子，让他们健康成长？家庭里的暴力会给孩子带来心理伤害，而校园隐性暴力给孩子带来的却是更大的伤害。

为什么孩子在学校里受到欺负不去告诉老师或者家长呢？许多学生表示"对于校园暴力，还有很多东西大人们都不知道"。而一般学生在学校受了欺负，出于自尊心和其他因素，都不愿承认自己受过欺负，更不要提告诉老师和家长了。

相关专家指出，受这种"隐性暴力"侵害的孩子，大多年龄小、身体素质较弱，性格内向，平时缺少家长的关爱。受到欺侮后，他们往往因为担心受到打击报复而长时间忍气吞声，因此很难及时被老师和家长发觉。由于长时间陷入恐惧和焦虑，有的学生产生厌学情绪，学习成绩直线下降；还有的心理抑郁，甚至发生走上绝路的悲剧。

但是对这种隐性暴力，学校做得并不多，首先在义务教育阶段，学

第九课

打架：别让孩子在家里看到暴力

校无权开除学生，无权对不良学生进行体罚，能做的也只有口头教育和批评。而事实上很多口头批评对这些已经形成不良习惯的学生根本不起什么作用。有的家长通过诉讼和调解的方式来解决，但是解决之后孩子的心理阴影却不能轻易消除，严重的或许会影响孩子的一生。也有一些家长为了避免自己的孩子在学校受欺负，把自己的孩子送去学武术，但是又会引发自己的孩子对其他同学的暴力行为。

对于如何对付那些"屡教不改、欺负别人的同学"的调查显示，80%以上的初中男生和83%的初中女生认为应该把那些学生"开除"或"把他们送进监狱或工读学校"，只有19%的初中男生和初中女生同意把他们"留在班中，大家一起帮助他"；而在小学中，41%的小学男生和49%的小学女生选择把他们"留在班中，大家一起帮助他"。

其实，那些经常欺负弱小同学的问题学生，虽然在一部分学生群体中称王称霸，但是却受到大部分老师和同学的强烈排斥和疏远。对于这部分学生的改造，学校、家庭和社会应该形成良好互动，共同对他们进行教育和引导。

给父母的建议

◎让孩子远离媒体暴力——暴力视频事件与电影电视、网络游戏中随处可见暴力情节。青少年群体正处在喜欢学习、模仿的年龄段，网络上的暴力场景，极易诱发青少年内心深处的攻击本能。由于自控能力弱，在观看某些外部动作时整个神经系统都会模仿相应的动作，进而很容易在现实中模仿虚拟世界的事情，攻击别人，而这种攻击在获得成功以后，又会导致攻击行为再次出现。

◎不要用暴力教育孩子——家长经常对孩子实施家庭暴力，孩子受到打骂，心理就会感到压抑，而发泄情绪过程中，他们通常会模仿家长的暴力行为，使内心达到平衡。因此，让孩子远离暴力，首先家长要给孩子一个纯洁的环境，在孩子的成长过程中，用正确的方法引导孩子建立人生观和价值观。

◎教孩子学会如何处理打架事件——打架表面上看是小事情，却影响着孩子的性格发展。对于孩子打架的事情，不能简单地用还击还是忍让来解决。如果孩子被打，回家后家长要问问为什么被打，让孩子回想一下是不是自己先有侵犯别人的行为，如果没有，就教会孩子表达抗议，或者告诉老师。如果遇到不讲理、爱欺负弱小同学的孩子，可以视情况鼓励孩子还击，让对方知道欺负人的后果。

◎教孩子正确处理感情问题——青春期懵懂的情感有时会带来不必要的麻烦，尤其是女生，有时迫于无奈，接受了别人的感情，有时为了虚荣，默认了别人的爱慕。但是感情是双方的事情，随后的发展却是自己不能控制的。如果恰好遇到有暴力倾向的对象，后果就不仅仅会伤害到一个人。因此，要正确对待感情问题，既不能因为害怕而委曲求全，也不要草率做出决定。

◎让孩子保持质朴本色——大多校园暴力的青少年群体，对同学做的最多的坏事就是拦路劫钱。如果喜欢花钱大手大脚，很容易被暴力分子盯上，如果不给，就会受到暴力侵犯。

◎增强孩子的法律意识——青少年往往法律意识淡薄，自控能力较差。很多青少年认为打架是小事，打起架来更是无所顾忌。有不少孩子在实施犯罪行为时，不知道这是违法犯罪，也不知道将会受到法律的惩罚。

　　◎让孩子远离暴力团体——青少年大多喜欢群体活动，而网络的出现给他们提供了便利。目前在网上拉帮结派的青少年主要分为两类：一类是现实生活中的失败者。他们或学习不好，或缺少家庭温暖，得不到周围人的尊重，甚至受人欺负。他们通过网络组织起来，获得现实生活中得不到的成功和满足感。另一类是由于无知而加入网上帮派的青少年。暴力团体不但群体施暴，对每个成员的控制也比较严格，一旦想要脱离团体，就会受到惩罚。

# 第十课

厌学：
源自怯懦的逃避心理

　　厌学，简单地说就是讨厌学习。具体是指学生主观上对学校学习失去兴趣，产生厌倦情绪和冷漠态度，并在客观上明显表现出来的行为。产生厌学情绪的孩子，即便迫于家长的压力，每天按时到学校上课，但是学习的状态比较懈怠，效率比较低，表面上看着很用功的样子，实际上并没什么效果，因而越来越感到学习的枯燥。学习成绩的下降使这些本来就有厌学情绪的孩子更加讨厌学校，开始变得烦躁不安，整天胡思乱想，情绪起伏很大，注意力很难集中等等，每天的生活简直就是一种煎熬。严重的，最后可能会选择退学、离家出走等极端行为。

　　厌学已经成为青少年学习障碍中最普遍的问题，产生厌学的原因有很多种。如：父母的要求过高，使孩子害怕失败的结果，整日提心吊胆，无法将注意力全部放在学习上，逐渐失去了对学习的兴趣。另一种则是对孩子要求过低或放纵，父母整天忙于自己的事业而疏于孩子的管教，认为将孩子送到学校不烦自己就行了，至于学习什么样，无所谓，这样当孩子在学习中遇到困难的时候，得不到家长的支持而选择放弃，就会慢慢地因为学习太辛苦而产生厌学情绪。还有的是家庭环境不和睦，父母整日争吵，孩子失去家庭的安全感，就会产生焦虑情绪，而无心学习。此外，还有孩子心智成熟程度的原因和学校教育状况的影响等等因素。

　　要想让孩子远离厌学情绪，父母首先要做的就是树立孩子的学习的自信心。父母要学会赞扬孩子、鼓励孩子，每当孩子有进步的时候，不要吝啬夸奖的语言，让孩子知道父母对他的欣赏和信任。其次要让孩子认识到学习的目的，为孩子找到学习的动力。让孩子认识到他现在的选择会直接影响到未来的发展，从而在思想上成熟起来，体会到学习的责任感。

"一向听话的儿子突然就厌恶学习了，真不晓得怎么办才好。""他不愿意去读书，我们百般劝说，他竟然说打死也不去！""女儿现在根本不能学习，极度地厌学，极度地逃避学习。学校老师天天告状，说她上课时连一分钟的注意力都不能集中，每天都完不成作业。""从初三开始，女儿每隔一段时间，就不想去上学，特别是临近中考的最后一个月，几乎没去上学，以至于中考的时候本来可以考上重点高中，现在却只考上了个普通的高中。"家长这样的抱怨并不少见，那么孩子为什么突然对学习那么厌烦？

导致厌学的因素有很多，但是多数孩子是由于学习压力过大产生厌学的。厌学心理严重的孩子，上课无法集中精神，进而发展到旷课逃学，甚至辍学。

每个孩子都有自己的感觉和情绪，性格内向的孩子通常刻意隐藏自己内心的感受，如果压力长期得不到排遣，心理脆弱的孩子就会不堪重负。即便是一些老师家长眼中的"优等生"，有时心中也难免有不为人知的苦闷。当他们在学习中遇到困难的时候，很希望能有倾诉对象，需要家长的关注和理解。

因此，作为家长，就要随时关注孩子的情绪状态，适时地帮助他们排解压力情绪，不断激发孩子的学习动力。孩子在情感上得到满足，能体会到学习的成就感时，成绩就自然不需担忧。

## 案例一：好学生也会厌学

　　小磊的父母工作都很忙，没有时间对他管太多，小磊也很懂事，自己能做的事情从来不麻烦父母。小磊有很强的自我管理能力，从上小学开始成绩就名列前茅，无论是在老师同学眼中，还是家长面前，小磊都是懂事的好学生，父母也为有这样的好儿子深感自豪。

　　但是进入重点初中之后，学习难度开始加大，竞争也更激烈，再加上还要适应新环境等，对小磊的内心有很大冲击。第一学年结束时，小磊的成绩有明显的下滑，这成了他沉重的思想包袱，他不再像以前一样开朗活泼，而变得沉默寡言，缺乏自信，慢慢地迈进学校大门的脚步变得越来越沉重，对学习的兴趣也越来越少。

　　而此时小磊的父母并没有觉察到儿子的变化，没有及时地对小雨的

情绪进行疏导。终于有一天，小磊再也无法忍受在学校的煎熬，就向父母提出不想上学了。面对眼前曾经的乖孩子，父母手足无措，看着可怜的儿子，只好答应了他

的要求，虽然在以后的日子里，父母给了小磊更多的关爱，小磊的心情看似也有所缓和，但是他从此再也没有回到校园。

　　学校调查中发现，成绩好的学生出现厌学情绪的比例正在提高，这是让家长和老师最不能接受的事实。据相关调查，90%左右的家长都很重视对孩子智力的开发和培养，却在孩子良好性格和学习兴趣方面不够重视。因此，很多孩子在上小学时候成绩很优异，也很懂事，但是到了初中、高中后却出现了厌学的现象，性情也变化很大。性格方面的缺陷逐渐显露出来，比如自私、抗挫折能力差等，这些性格缺陷会影响孩子以后的生活。

　　小磊之所以产生厌学情绪，首先是他本身缺乏学习的内在动力，没有明确的学习目的。小学时，为了得到父母的赞扬而学习，但是优秀的学习成绩并没有引来父母足够的关注和鼓励，反而休学后，父母发现问题变得严重了，给了小磊更多的关怀和爱护。因而，在小磊的心目中，会形成这样一种看法：父母根本不关注自己的学习成绩，现在不去上学了，反而得到了父母更多的关爱，这种想法更加强化了小磊厌学的情绪。

　　根据马斯洛的需求理论，在满足了基本的生存和安全需求外，人会有更高层次的需求，如爱和归属、自尊和自我实现。对于青少年来讲，主要任务就是学习，如果在学习过程中，能满足他们的自尊和自我价值肯定的需求，自然就不会产生厌学的情绪。因此，在孩子学习稍有进步时，就要及时地对他进行鼓励，强化学习好是件好事情的观念，他就会远离厌学情绪。

　　其次，小磊的父母忽视了他心理成长过程中的问题，不能及时对孩子进行正确的教育和引导。由于父母工作很忙，就疏于和孩子进行沟通，而当小磊在学习上遇到困难的时候，父母根本没有发现。而当小磊提出休学时，父母很轻易地就答应了孩子的要求，不但不能解决问题，

第十课　厌学：源自怯懦的逃避心理

反而更助长了小磊的厌学情绪，以致后来再也不能回到校园。

家庭教育对孩子来说至关重要，孩子的问题很大程度上来源于父母。现代家庭结构的变化导致了孩子缺乏挫折教育，承受能力越来越弱，但是家长和社会对孩子的期望却越来越高。当在社会上遇到挫折的时候，孩子就情愿躲在家庭这个温暖的港湾里，不愿回到学校。雅斯贝尔斯在《什么是教育》中说："教育是人的灵魂的教育，而非理性知识和认识的堆积。"因此，要想让孩子远离厌学情绪，家长需要在孩子的成长过程中对孩子进行及时、正确的引导和教育，增强对孩子的学习责任感和健康性格的培养。

## 案例二：单亲少年因厌学离家出走

"阿姨，买份报纸吧！"今天小昆已经不知道重复了多少次这句话，但是换来的都是无声的拒绝。小昆卖报纸并不是因为家里经济条件不好，而是因为厌烦妈妈而不想回家。

小昆生活在单亲家庭里，父母离婚后，一直跟着妈妈过，现在是初三的学生。自从上了初三以后，小昆的成绩越来越差，每次考试成绩不好，总是遭到同学们的嘲笑，而回家后母亲除了逼着他学习外，也很少进行深层次的

沟通，根本不知道小昆心里在想些什么。

慢慢地，他开始不想上课，发展到逃学去网吧，甚至不想回家，最长的时候，有近半个月住在澡堂里不回家，白天在里面看电视，晚上在里面过夜。有时候没钱了，就去街上卖报纸挣钱。后来母亲好不容易找到了他，他勉强在家住了一周，却再次离家出走。

其实每一个孩子在最初的时候都是喜欢学习的，对周围的世界都是充满好奇的。他们想知道在这个世界为什么是这样的原因，对于他们喜欢的事情，往往很执著、很主动地去探索。学习是一个既辛苦又充满快乐的过程，学习的过程就是学会观察和认识周围世界的过程，对于每一个充满好奇的学生来说，都是一次奇妙的体验。而后来慢慢地对学习失去兴趣往往是因为教育的方式不对，填鸭式的教学方式和遇到困难与挫折时周围人的态度都能摧毁一个学生对学习的热情和兴趣。

中学生正处在人格趋向健全、心理逐步成熟的发展时期，尊重和关爱是教育好学生的前提。因此，家长要经常关注孩子的思想状况，不能只抱有望子成龙的心情，一味地给孩子施加压力，否则就会出现上述案例中小昆离家出走的行为。对于产生厌学情绪的孩子，父母不能急功近利，要有足够的耐心和宽容来对待孩子，要找到其"厌学"的真正原因。如果孩子是因为上课听不懂、学不会，就从基础开始补课，直到每一个问题都弄明白，并且及时对孩子给予鼓励和赞扬。成绩有了提高，孩子就会增加自信心，从而形成良性循环，脱离厌学情绪。

第十课 厌学：源自怯懦的逃避心理

## 案例三：从厌学少年到留学生

晓斌就在前不久收到了来自在全英国排名第四的谢菲尔德大学的航空航天专业的本硕连读班的录取通知书，这个结果对于晓斌和家人来说都是皆大欢喜。但是，晓斌的学习经历却并不是一帆风顺的，曾经的他也产生过厌学情绪，还曾得过全班倒数第一。

晓斌在上小学的时候是个老师和家长眼中的好学生，学习积极性和主动性较强，成绩优异，还得过奥数竞赛的奖状，经常自己骑车又转公交车去上奥数班也不觉得辛苦。因为受到老师的偏爱和同学们的羡慕，这个老师和家长眼中的优秀生一直有着学习上的优越感，晓斌也对学习充满了兴趣，丝毫不觉得学习辛苦。

到了初中之后，在初一、初二的时候成绩还能跟得上，但是到了初三开始，功课内容逐渐加深，加上中考的压力，晓斌的状态发生了变化，常常作业不能很好地完成，有时还受到了老师的批评。中考结束，他勉强考上了重点高中。

到了高中之后，晓斌的厌学情绪开始显露出

来，同时，思想上开始发生变化。他开始觉得学习课本上的知识、考试的成绩在生活中根本用不到，既然没用，学这些又有什么意义呢？晓斌整天思索这些问题但是自己却找不到答案。再加上一向得到老师宠爱的他，到了高中却没有任何人关注，开始有了失落感，成绩很快跟着下滑，直到最差的一次居然成绩得了全班倒数第一。

幸运的是晓斌有个理解他的父亲。当一次家长会中，父亲了解到晓斌的真实状况时，开始意识到事情的严重性并尝试和他进行沟通。开始的时候，晓斌对父亲有很大的抵触情绪，又由于晓斌的父亲经常出差，他便想出了用书信沟通的方式。经过父亲不断努力，终于得到了晓斌的回应，把心结解开，重新投入学习中去，并最终考取了名校。

大部分家长认为孩子厌学的原因在于学习方法不对、老师不能因材施教或者归因于教育体制等等，但这些都是表面的现象，最根本的在于很多学生缺少人生理想。没有明确的理想，就看不到学习的意义和目的，因此就没有学习的动力，再加上学习成绩不如意，很容易就产生厌学的情绪。而一旦学生产生厌学的情绪，如果家长不能合理地进行开导，孩子就会陷入迷茫和颓废情绪。

学生缺乏理想，家庭和学校都有一定的责任。作为父母，总是想替孩子做任何事情，把所有的都替孩子准备好，久而久之，孩子失去主动的欲望，就更不要谈人生理想。此外，在应试教育为主的大环境下，学校过分重视学生的成绩而忽略了情商教育，造成学生的错误观念，认为学习就是为了考出好成绩，根本没有实用价值，更不能认识到学习是实现理想的一个途径，因而不能以正确的态度对待学习。

当晓斌出现迷茫的时候，父亲能体会到孩子的感受，适时地对其进行正确的引导，重新激发他学习的动力。因此，要想让孩子去掉厌学情

绪，必须在孩子心目中树立一个目标。比如陈景润之所以能解开歌德巴赫猜想，就是因为在他心目中有个目标。这个目标就是老师曾经讲过的在科学的殿堂中，最高峰是数学，而数学的皇冠就是数论，而歌德巴赫猜想则是皇冠中的一颗明珠，是一个世界难题。陈景润听了，心中就有了这个解开难题的梦想，后来经过无数次努力，他真的成功了。因此，理想是行动的驱动力。

◎降低目标，及时奖励——行为主义心理学家斯金纳认为奖励是愉快的刺激，它能增加个体积极反应发生的概率。对于学习者来说，成功便是最好的奖励。因此，将目标不要设得过高，使孩子容易达到，低起点、慢步子、分层次，孩子就会在不断进步过程中体会到成功的乐趣，心理获得积极的满足感与自豪感，自然对学习产生兴趣。

◎放弃题海战术——很多父母为孩子报了不少课外的补习班，孩子每天都沉浸在无休止的学习中，而没有时间放松，使孩子产生了逆反心理和厌倦心理。父母适当地减少孩子的负担，而应该对孩子进行学习方法的指导，提高学习的效率，让学习变得更为轻松，孩子就能从学习过程中享受到乐趣。

◎增加实践——带孩子多接触大自然，不仅能开阔眼界，拓宽知识面，还能提高学习兴趣。多鼓励孩子参加实践，比如自己培育植物，饲养动物，并自己探求其中的奥秘，学会发现问题，提出问题，学会自己找寻答案。这样，孩子的兴趣广泛，知识面扩大了，学习能力就自然而然地提高了。

◎家长不要太强势——很多家长的一贯想法就是自己有权决定孩子的未来，比如填报志愿，通常都是由家长包办。初高中学生正处于青春期，情绪比较敏感，思想叛逆，如果家长不尊重孩子的人格，很可能导致孩子厌学。因此强势的家长要把选择权归还给孩子，不要事事越俎代庖。

◎帮孩子平稳度过过渡阶段——孩子由小学进入初中，或者由初中进入高中，对于他们来说，是人生阶段的转变，往往要重新适应新的环境。在这个适应过程中，家长一定要帮孩子做好衔接教育。在这个时期，父母要真诚细致地和孩子交流，并帮助孩子制订具体的短期学习生活计划，让孩子学会如何规划自己的生活，学会如何战胜困难。

◎呵护孩子的梦想——调查显示，现在的学生大多认为读书就是为了考大学、工作、赚钱，而作为父母一定要努力呵护孩子的梦想，当学习的压力越来越重，只有坚定的梦想才能成为支撑孩子继续学习的力量，如果学习没有目标，那么学习也就失去了乐趣和意义。

第十课 厌学：源自怯懦的逃避心理

# 第十一课

偏执：
远离坐标的自负者

　　偏执是一种人格表征，是指以极其顽固的固执己见为典型特征的一类变态人格，其特点是固执多疑，自以为是，总是以自我为中心，好争辩，神经过敏，总认为自己受到不公正的对待。没有责任感，遇事总是先把自己的利益放在最前面，故意推脱责任，从不进行自我批评，一旦遭到别人指责，立即想方设法予以还击，伤害了别人还无动于衷。

　　这类人的特点常常表现为：多疑敏感，不信任别人，常把别人的好意当成对他的伤害，不接受别人的关怀；嫉妒心很强，心胸狭隘，妒忌别人获得的成就、荣誉，常常对别人进行挑衅或者恶言恶语；自尊心强，自命不凡，常感怀才不遇，觉得别人都不重视自己；常常觉得自己很委屈，觉得自己经常受到冷遇、歧视，有极强的报复心；极端顽固，完全听不进别人的意见和建议，即使有足够的事实和证据，也很难被说服等等。性格偏执的人很难与人和睦相处，即便建立家庭也常常因为自己的多疑、猜忌最后产生不断的争吵乃至最终分开。

　　偏执型性格的人通常是表面上看上去强大，其实他们的内心很脆弱。偏执的人内心对外界有强烈的抗拒感，对周围充满了恐惧，所以才导致他们拒绝接受他人的观点。很多时候，偏执的人是自寻烦恼，他们常常对自己和周围要求太多，如果现实的欲望总是不能得到满足，自然会心生烦恼，甚至做出极端行为。

　　据统计，偏执型人格多源于青春期性格形成过程中遇到一些障碍，使得性格发展偏离了正常的轨迹。偏执的人中女性比男性的比率相对较高。

青春期是生理发育高峰期、也是自我意识发展与形成的时期。青春期的学生，常常处于一个矛盾的状态：思维活跃，但比较幼稚偏激；情绪强烈，却缺乏稳定；渴望交友，却又想拥有自己的心理空间；渴望独立，却又能力不足。由于存在于心里的巨大矛盾和冲突，在行为上，青少年常常表现出敏感、叛逆、偏激、好与人争辩、自我等。偏执型人格特征往往是这些行为方式的极端发展。因此，具有类似性格倾向的人，如果缺乏科学的、正向的积极引导，就有可能在对自我和外界的认识、评价、体验及控制的过程中产生偏颇，逐步形成偏执心理。

偏执性格的形成原因有很多，其中幼年的生活环境，对这种性格的形成有着很大的促进作用。如果从小父母娇生惯养，使孩子养成专横跋扈的习惯，长期发展下去，就会形成偏执的性格；此外，父母之间的关系也是孩子偏执性格形成的重要催化剂，父母之间的长期争吵影响家庭氛围的和谐，使孩子的人格得不到健康发展。因此，避免孩子形成偏执的性格，首先要用合理的态度对待孩子，给孩子营造一个和谐温馨的家庭氛围。

在一群一起玩耍的孩子中间，经常会有这样的人：总是猜疑同学，凡事总是与人争论不休，直到最后以自己胜利才算结束，从不认输；任何事都以自己为中心，自己总是对的，只要和自己意见相左，都是错误的；心胸狭窄，常常会将同学对他的好意当做别人要伤害自己；报复心强，对别人无意中对他的言语或肢体伤害，随时准备还击；嫉妒心强，对学习成绩比自己好的同学恶语中伤……这类孩子常常被人称为爱钻牛角尖的人。

事实上，这是一群有着性格缺陷的学生，他们的一些行为是偏执型性格的表现。偏执型性格的孩子往往一方面很自负，常常以自我为中心，自我评价过高，固执己见，独断专行，对他人苛刻，遇事常常推卸

责任，将过错归于他人，并抱怨不断。另一方面，偏执的孩子都很多疑。过分敏感，总是将与自己无关的事情联系到自身，常戴着"有色眼镜"看待周围的人，以为别人跟自己过不去，对周围的人存有警惕和抗拒心理，甚至把别人善意的帮助看成是和自己作对。偏执的人常常不受欢迎，和周围的人际关系也很紧张。

## 案例一：偏执使他辍学

小迪的父亲是某公司部门经理，母亲是一家国企的普通员工。平常父亲工作很忙，教育小迪的任务就主要由母亲承担。母亲认为小迪是个聪明的孩子，只是有点任性，于是仅仅在生活上照顾得无微不至，对性格教育方面并不严格。平常父母在物质上尽量满足小迪的要求，甚至没有要求的也都买来给孩子，物质方面的放纵，让小迪根本没有珍惜的感

觉，反而觉得这一切都是理所当然。

小迪小学的时候跟着爷爷奶奶在农村读书，当时的学习成绩还算不错，上了初中后被父母接到身边。因为说话带有明显的方言口音，在课堂上发言经常受到同学的嘲笑。同时小学的时候因

为在农村没有学过英语，结果来到城市之后，英语成绩跟不上。为了挽回在同学们面前丢失的面子，小迪经常做些出格的事情，如不听从老师的安排、经常顶撞老师等。有的同学为了凑热闹也跟着小迪起哄，同学们的反应"鼓励"了小迪，他的表现更加变本加厉，后来逐步演变成了霸道偏执的性格。

他好争辩，喜欢对别的同学指手画脚。常把老师对他行为的批评理解为对他的人身攻击，不分场合、不顾分寸地加以顶撞。初期的时候，老师抱着不让学生掉队的态度，希望能用鼓励和安抚来让他回到正轨上。但是老师的宽容却被他当成了纵容，结果小迪在老师和同学的忍让中越来越自大，他的行为也越来越过分。从过去的只是顶撞老师，到欺负弱小同学，上学迟到、旷课，到后来发展到拒绝听任何意见和建议，对学校纪律置若罔闻。

后来他又沉迷于网吧，认识了一些社会上的不良青年，完全不去上学了，甚至离家出走，整日放浪形骸，游荡于校外，最后被学校勒令退学。

>>>

这些孩子之所以会发展为偏执的性格，与他们在成长过程中，形成的不正确的自我意识有关。有偏执性格倾向的儿童常常受到家长无原则的迁就与宠爱。家庭成员对他们百依百顺，他们听惯了来自各个方面的肯定与表扬，养成了自我为中心的习惯，凡事以自己为主，不能正确评价自我，不愿或缺乏改正缺点的勇气。

青少年时期正是一个人人格形成的萌芽期，这个阶段，他们已经开始有很强的独立意识。在这个过程中，他们的自我意识逐渐增强，越来越强调自我。面对即将来临的成人世界，家庭的娇生惯养和社会的不关注形成了对比，难免就会有挫折感，就会产生极端的情绪。如果这个情绪得不到及时合理的引导，不能正确地发展、认识和评价自我，就很容

易形成极端的性格。

　　作为家长，在孩子人格发展的重要阶段，要重视家庭教育对孩子性格形成的影响。在孩子的成长过程中，家庭的关爱呵护非常重要。但是，如果家长对孩子的关爱失去理智和限度而只是一味地娇惯孩子时，对孩子的关爱就成了孩子成长的障碍，对孩子将来的人生发展有着不良影响。

## 案例二：迷恋韩星，偏执整容

　　小武是高三的学生，学习成绩优异，一直以来都是老师和家长眼中的优秀学生。可是最近他不愿去学校了。

　　原来从初中时期起，小武就迷恋上了韩国明星，总觉得自己脸型太宽，不够俊秀。因此，他多次跟

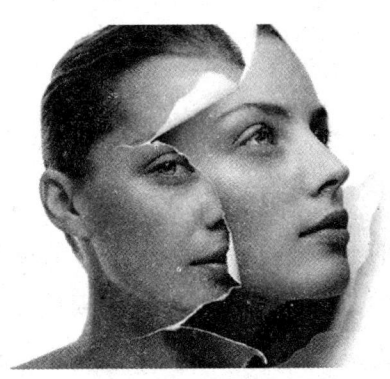

父母提出要求要按照韩国明星的样子整容，把自己的脸型整成瓜子脸。但是父母一直坚决反对，整容的事情就暂时被搁置。

　　现在高考在即，小武却再次提出要整容，还威胁父母，如果不让整容就永远不去学校。为了孩子以后的学业，最后父母只好答应了儿子去做整容手术。

　　现在家长常常有这样一种感觉，孩子犯了错，也不敢严格地批评孩

子，生怕孩子受很大委屈，这使得孩子认识不到自己的错误。但社会环境不同于家庭环境，社会竞争的复杂和激烈需要孩子以后有很强的心理承受能力，因此，为了让孩子更适应社会，不仅要给孩子提供足够的物质条件，更应该为孩子提供足够的心理营养。

其实，心理障碍人人都会有，只不过有的人能够很容易跨越这种障碍，而有的人则会陷入其中无法自拔。尤其是青少年，他们的心理承受能力相对较弱，当遇到困难时，很难像成人一样成熟地处理问题，情绪波动会比较大，很容易进入误区。

对于孩子成长中的问题，作为家长不能等闲视之，简单地批评一通，而是应该耐心地进行疏导。哪怕孩子有很离奇的想法，家长也应该有足够的重视，进行合理的引导，解开孩子心中的结。

有这样一则故事：一个孩子在郊游时喝了小河里的水，回到家后开始觉得肚子不舒服。父母问明情况后得知，孩子认为河里的青蛙顺着水进入了自己的肚子里。父母便宽慰他说没关系，那么大的青蛙不会进去的，何况青蛙肉本来也能吃的，但是孩子根本听不进去，整天还是愁眉不展。于是父母便想出了一个办法，让孩子闭上眼睛张大嘴巴，把青蛙吐出来。孩子吐的过程中，父母在旁边加油，说快要吐出来了，最后告诉他终于吐出来了。等孩子睁开眼睛的时候，父母将事先准备好的青蛙放在手里让孩子看。孩子看到青蛙出来了，终于舒了口气，心理阴影也随之而散。

143

## 案例三：偏执的爱使他走进监狱

小城和小秋是同一所重点大学的学生。小城读中文系，而小秋在校报做编辑，因为爱好文学，他们走到了一起。男才女貌成了同学们羡慕的对象。

当两人关系进入热恋阶段时，小秋将这件事情告诉了母亲，母亲因为小城读中文系，觉得暂时发展不会很好，担心女儿受苦，就反对小秋和小城在一起。由于母亲的强烈反对，小秋妥协了，答应母亲以后和小城分开。并接受了母亲的安排，和其他男孩交往。

但是饱受思念之苦的小城却欲罢不能。多次对小秋进行骚扰，还散布谣言说小秋和她已有夫妻之实。本来还心存不忍的小秋终于看透了小城的内心，下定决心要和小城分手。

分手后小秋认识了志趣相投的新男友，但是小城却不依不饶，甚至直接找到小秋的男友进行挑衅，威胁说如果自己得不到小秋，其他人也别想得到她。

后来小秋实在受不了小城的纠缠，就以诽谤罪将小城告上了法庭，最终小城被判有期徒刑二年。

　　现实生活中，像小城这样的青年不在少数。他们对待恋爱就像对待自己的玩具一样，有非常偏执的占有欲望。20世纪90年代出生的青少年，大多是家里的独生子女，父母和祖父母辈全部的关爱都集中在一个孩子身上，凡事都以他们为主。小时候玩具也容不得别人争抢。可是到了社会上，周围的人不会像父母那样什么都能满足他，如果女朋友被别人抢走了，一直被满足的心理就突然失去了平衡！如果不能很好地调节这种落差，很容易走向偏执。

　　偏执型人格障碍主要特点是固执、多疑、情感不稳、心胸狭隘、好嫉妒，自我评价过高，对受挫折和羞辱过分敏感，在学习和生活中经常和别人发生摩擦。具有偏执型人格的人要想在社会交往中与别人和睦相处，必须学会变通。

　　当遇到一些刺激性事件，可以用转移注意力来躲开导致心理困境的外部刺激。每当遇到困境时，在大脑里常常会形成一个较强的兴奋灶，如果能及时地转移注意力，就可以使这个兴奋灶暂时冷静下来而让位于新的兴奋灶。兴奋中心转移了，就会摆脱困境所带给人的刺激。

　　自我安慰。我们都知道一个寓言故事，狐狸吃不到葡萄就说葡萄酸，这在心理学上叫做合理化。通过找到一些理由为自己开脱，从而减轻心里的痛苦，使内心获得平衡。心理学家弗洛伊德指出，常见的合理化有两种：一种就是酸葡萄心理，当自己的预期没有实现的时候，就否定这件事的意义；第二种是当预期没有达到时，转而寻求其他替代品，并且给自己进行积极的心理暗示，替代品更胜于原来的预期，这样心里同样能获得平衡。

　　换个角度看问题。祸兮，福之所倚；福兮，祸之所伏。任何事情都

145

有两面性，同一件事情，从一个角度看，可能带给人的是消极的情绪；从另一个角度看，或许是积极的情绪。当面临困境的时候，积极转换角度看问题，就能将消极情绪转化为积极情绪，从而走出困境。此外，失败乃成功之母，将遇到挫折时的悲痛转化为力量，也是远离偏执情绪的好方法。

生活的道路上不可能一帆风顺，很多事情是我们无能为力的，既然不能改变事实，就学会调整自己吧！

给父母的建议

◎父母双方教育要一致——父母教育方式不一致，一方严格，一方溺爱，会使孩子产生认知上的偏差。在互相矛盾的教育理念交互作用下，孩子常常会无所适从，就会形成偏执、任性的性格缺陷。因此，父母要统一教育理念，当发现孩子性格发展有偏差的时候，及时调整，合理引导。

◎不要苛求完美——研究发现，在有偏执型人格倾向的青少年中，成绩优秀、成熟懂事的学生占了相当一部分比例，问题也多出在人格方面而非学习方面。这些孩子通常对自己要求很高，每件事情总是力求做到最好，即便是小的成就也会认为是失败。这种过分苛求完美往往会使孩子对自己的失误钻牛角尖，进而对自我进行错误评价。因此，父母应该及时开导他们，对他们不要提过高的要求，同时提高他们战胜困难的能力。

◎不要过分溺爱孩子——父母对孩子无原则的溺爱，会使孩子越来越任性妄为。听惯了周围人的肯定与赞扬，就不能正确地对自我进行评价，不愿意改正自己的缺点。但是进入社会后，周围人不会像家人一样顺从孩子，当遇到不顺心的事情后，就很容易走向偏执。因此，培养孩子具有宽广的心胸、理解他人的心理，是改掉偏执的良药。

◎让孩子学会信任——具有偏执倾向的孩子，大多数不容易信任别人、敏感多疑，听不进任何善意的意见和建议。因此，父母要想改变孩子的个性，必须首先要和孩子建立信任关系。在情感上认同孩子，给孩子同情和理解。当孩子产生某些幻觉性的猜疑时，父母要首先认同孩子，站在孩子的角度思考，倾听孩子的心声，然后再想办法寻求改变的方法。

◎给孩子充足的睡眠——美国著名精神病学家丹尼尔·阿门曾著书《大脑使用手册》称，长期睡眠不足会损害大脑，特别是损害大脑与学习和记忆有关的部分。缺乏睡眠还会影响精神健康，性格容易变得偏执。因此，要孩子健康成长，首先保证孩子有充足的睡眠时间。

◎让孩子尽情玩耍——心理专家认为"缺乏玩耍经历、能力的孩子，长大后不善于与人建立良好的人际关系，对他人很难有信任感，同时会形成更多消极的思维模式——他们都不跟我玩，肯定是合伙排挤我（其实是自己跟不上别人的节奏）"。一般没玩好的孩子，自己缺乏良好的处世技巧，又不能从他人身上得到反馈，久而久之，做事想事都容易"一根筋"。因此，为了孩子的健全人格，家长应该让孩子们尽情游戏。

◎不要做"直升机父母"——顾名思义"直升机父母"是指一些父母在孩子成长的过程中，始终盘旋在孩子头上不肯撤退，不经意地还会愈飞愈快、愈管愈多，生怕一减速，就会摧毁自己孩子的人生。他们把全部精力都放在孩子身上，将自己的希望寄托在孩子身上。常

第十一课　偏执：远离坐标的自负者

147

常会为孩子的成功、失败，表现出过度的欣喜、忧伤，给孩子很多负面的心理影响。这类父母过于偏执的爱，使孩子慢慢承受不起，走向偏执的道路。

# 12
## 第十二课

悲观：

对世界的错误解读

青少年心理课堂

悲观是人生观形式中的一种。每个社会人都有物质的欲望和渴求，当欲望得不到满足的时候，就会产生悲观失望情绪。尤其是十多岁的青少年，心绪大多不稳定，在自信心不足时，悲观的心理就会大大增加，同时悲观情绪会影响到行动，对未来表现出犹豫不定。

那么，消极悲观的性格是从哪里来的？

首先是家庭环境的影响。如果一个人的父母本身就是杞人忧天型的，整天愁眉不展，那么他就会受到父母的这种情绪的影响，长大后多半会变成比较悲观的人。此外，如果在父母关系不和或者单亲家庭中长大，相对于和睦家庭长大的孩子，更倾向于悲观。

其次，如果一个人在成长过程中，受到很严重的打击，或者受到很多次的伤害，更容易产生消极悲观情绪。比如，高考时没有考取自己理想中的学校，或者初恋时受到背叛等等。如果他们对这些事情的期望和关注度很高的话，失败的结果就很容易打击他们的心灵，从而认为自己无能，产生悲观消极的情绪。

失败者通常带有悲观情绪，整天唉声叹气，怨天尤人，埋怨环境的恶劣，悲叹自身的无能，他眼中的世界是如此的灰暗，他的人生也是毫无乐趣，放弃是他唯一的选择。这样的人不是被生活击败的，而是败给了悲观的自己。

事实上，任何人的一生都不可能一帆风顺。然而，同一件事，发生在不同人的身上，产生的却是完全不一样的效果。从这个意义上讲，悲观与乐观只是对事物所采取的不同的态度，与事物本身并无多大关系。一位著名的政治家曾经说过："要想征服世界，首先要征服自己的悲观。"悲观的情绪可能存在于人生的任何阶段，人生中的悲观情绪不可能没有，重要的是要击败它，征服它。战胜悲观的情绪，让生命中充满开朗、乐观的快乐情绪，就会发现生活中充满了乐趣。

常听到一些家长担忧地说"我的孩子现在很悲观，偶然一次成绩没考好，就觉得以后都不会考出好成绩；遇到一些事情的时候，他也总是只看到事情不好的一面，总往坏处想问题；甚至有时候带他去看电影，看完之后说起自己对影片的印象，也总是一些不好的片段。现在孩子的生活条件比起以前好了许多倍，真是不知道为什么还是这么悲观！"

据某高校调查研究，现在的高中生中几乎一半在学习的过程中很少感觉到快乐，接近八成的高中生觉得生活在灰暗中，心情难得舒畅。之所以有这么多学生有悲观情绪，跟学习压力有一定的关系，更重要的是这个时期的青少年不会找寻合适的宣泄方式。遇到情感冲突的时候，多数学生不会向人倾诉；遇到困难的时候，也不会巧妙回避或者转移注意力。

一般来说，当人遇到困难和挫折的时候，比较容易产生悲观情绪，如果这种悲观情绪不能及时得到释放，长时间的压抑后就会产生情绪化行为。遇到这种情况，既要积极地寻找合适的释放方式，比如多找朋友谈心，找一些有意思的事情来做，或者多参与集体活动，以此来放松心情，悲观的情绪就会得到缓解。

别和
青春期孩子父母要上的16堂心理课
犟孩子较劲

## 案例一：花样年华却充满阴霾

小耘是个大二的女生，虽然她长相出众，却没有同龄人一样的阳光生活。在她心里总是弥漫着一种悲观的情绪，使她常常对生活很失望，觉得很迷茫。小耘是个爱思考的女孩子，她常常想生活的意义是什么，为什么活着，但总是找不到答案。这种悲观的想法让她越来越消沉，做什么事情都提不起兴趣，非常孤独。她也总想着要改变自己的这种状态，但是又常常觉得自己能力有限，就越来越自卑，更不喜欢和别人交往，显得很孤僻。

小耘从小生活在一个破碎的家庭，在她很小的时候爸爸妈妈就经常吵架，后来又因为爸爸的出轨，父母之间的争吵更是升级。每次出门，小耘就觉得邻居在背后对她指指点点。所以从小她就感到很自卑、很悲观、很封闭，因此她很少能交到朋友。

上了大学以后，她也谈了个男朋友，但是由于小耘自己总是对任何事情都很悲观，加上父母对她的负面影响，所以她总觉得和男朋友的关系不会维持太长久。开始的时候他们之间还好，后来慢慢开始吵架，男朋友最终由于受不了小耘的这种整天唉声叹气的态度，提出了分手。分

152

手后的小耘更加消极，更加悲观。

>>>

　　每位父母都希望自己的孩子能长久保持乐观的性情，然而，现实生活总有很多孩子存在悲观的情绪。遇到事情，总是习惯性地朝着较坏方面去想。孩子悲观情绪的形成，和从小生长的家庭环境以及家庭教育有着很大的关系。

　　其实悲观和乐观只是对事情的看法，同一件事情，悲观的人和乐观的人看法会有很大的差别。如果桌上有半杯水，乐观的人看了会说："哈，还有半杯水。"而悲观的人则会说："只剩半杯水了。"乐观的人总是满怀希望，透露出一种热情和安慰；而悲观的人却透露出一种消极和茫然。

　　有这样一个小故事：一位父亲有两个性格截然不同的儿子，其中一个太过乐观，而另一个则过分悲观。他想对两个儿子的性格进行调节，于是一天，他买了许多色泽鲜艳的新玩具给悲观的孩子，又把乐观的孩子送进了一间堆满马粪的车房里。第二天清晨，父亲看到悲观的孩子正看着玩具哭泣，便问："为什么不玩那些新玩具呢？""玩了就会坏的。"悲观的孩子仍在哭泣。父亲叹了口气，走进车房去看另一个儿子，发现乐观的孩子正兴高采烈地在马粪里掏什么。父亲问他在做什么，孩子回答说："告诉你，爸爸，我想马粪堆里一定还藏着一匹小马呢。"

　　而在现实生活中，悲观的人也总是喜欢把事情夸大，比如一次考试成绩不好，就会想到父母会不会生气，以后老师会不会不喜欢自己了，以后还会不会把成绩赶上来，甚至想到以后还能不能考上好的学校等等。或许这样的结果永远都不会发生，他却为此而终日惴惴不安，正常生活被打乱。这样的悲观心理，不仅影响自己的生活，也会影响到周围人的情绪，渐渐地大家都对他敬而远之。

悲观的人常常也不能客观地看待自己，当稍微遇到一些挫折的时候，就会认为自己"没有能力"、"很笨"、"大家都不喜欢我"等。事实上，这些对自己消极的认知通常都是不客观、不符合实际的。

因此，对于悲观的青少年学生来说，要想走出悲观情绪的困扰，首先就要调整对自己的看法，学会接受自己，换个角度看自己，不能夸大缺点而忽视了自己的优点和长处。每一个人身上都会有独特的优点，学会发现自己的闪光点，才能真正走出悲观的情绪。

## 案例二：生命不能承受之重

16岁的小光是高中二年级的学生，就在不久前，因悲观厌世而要跳楼的他被父母拉了回来。小光以前也是一个快乐的孩子，家庭条件比较富裕，在学校也深得老师和同学们的喜爱。但是上了高中之后，小光的性格有了很大的变化，不再像以前那样快乐，脾气变得很暴躁，食欲时好时坏，还经常摔家里的东西。

从上了高中之后，父母为他报了很多学习班，几乎把周末排得满满的，甚至是在春节，父母也只在除夕和初一让他休息两天。但是即便是每天刻苦地学习，他的成绩也不再像以前一样优异。小光觉得自己就像是台学习机器，根本没有生命，快乐对他来说成了一种奢望。而不如意的学习成绩让他对未来也失去了希望，种种压力之下，让他想要结束生命，结束现在的生活。

每个青少年成长过程中都会遇到类似的挫折经验，即便是天生乐观的孩子也一样。孩子遇到这种情况的时候，如果不能及时排解心中的郁闷情绪，就会导致很严重的后果。作为父母，要时刻留意孩子的情绪变化，及时和孩子沟通，引导孩子排除困难，使悲观情绪得到及时的化解。事实证明，能及时得到父母帮助的孩子，会认为生活可以信赖，生命中充满机会。即便偶尔出现一些让人困扰的挫折，他们仍然能积极应对。

美国的儿童心理学家研究出了一个叫做"3C"的办法来帮助孩子们度过困境。"3C"是指Control(调整)，Challenge(挑战)和Commitment(承诺)。

Control(调整)指的是一种心理上、情绪上的调整，在实施过程中，更多的是父母对孩子加以引导，帮助孩子认识到"困难并不等于绝境"。例如，9岁的蒙蒙带小伙伴回家，在玩耍的过程中，不小心把妈妈刚买的花瓶给打破了。当妈妈发现情况时，蒙蒙低着头不敢正视妈妈的眼睛。此时，妈妈不能直接简单粗暴地骂孩子，而是应该这样对孩子进行引导："把花瓶打破了，心里很难过是吗？是不是害怕妈妈骂你？"，孩子听到妈妈这样反问，通常都会说出心里的愧疚和事情的原由。此时妈妈就可以顺势开导孩子，尽管孩子把花瓶打破了，但是能主动反省自己，妈妈还是很高兴的。

Challenge(挑战)指的是给孩子一种心理挑战，让他学会在困难中看到事情好的一面。当孩子打破了花瓶，父母首先要引导孩子分析原因，然后再教育孩子改正缺点，注意以后不要再犯同样的错误。蒙蒙的妈妈

155

是这样鼓励孩子的："我知道你是一个开朗活泼的孩子，喜欢与伙伴们一起玩耍。尽管这次花瓶打破了，但是，你下次一定要注意，如果在屋内玩耍的时候，要提前注意哪些地方危险，最好不要好去碰，这样既能玩得开心，又不会碰坏东西。"

Commitment(承诺)指的是用"承诺"的方式帮助孩子看到生活更为广大的目的和意义。例如，妈妈对蒙蒙说："你觉得花瓶打破了会让妈妈失望，但是，妈妈希望你能将活泼开朗的性格保持下去，做个快乐的孩子。只要你以后注意点，妈妈是不会介意的。"

通过调整、挑战和承诺三个步骤，蒙蒙的情绪明显转好了。事实上，鼓励孩子克服困难和挫折的关键就是父母应该对孩子的努力和行为作出恰当的评价，让孩子也能够正确认识自己的行为和结果之间的关系。

总之，无论孩子遇到什么困难和挫折，父母应该鼓励孩子乐观对待，而不能悲观消极地看问题。如果孩子不能积极地面对挫折，父母应以乐观的情绪感染孩子，如："就这点小事，怕什么，让我们一起来想办法。"鼓励孩子自己动手动脑克服困难，这样孩子遇事才能不再悲观消极。

## 案例三：悲观厌世导致退学

宏彦是初三的学生，此前他的学习成绩一直处于中等。父母是做生意的，整天只顾忙着挣钱，根本无暇顾及宏彦的生活状况。每天除了满足他物质上的需求，基本不问及学习和心理如何。父母也不在意他的学习成绩如何，他们挣的钱足够宏彦使用。因此当宏彦提出退学的时候，父母也没阻拦。

沮丧

退学后的宏彦整天待在家里，唯一做的事情就是上网，玩游戏、写博客、看小说。除了购买日常用品，宏彦几乎足不出户，也不愿和人交往，他觉得看到其他人就觉得厌烦。

慢慢地，由于接触网上负面的信息过多，宏彦开始觉得人生没有意义。他觉得人都不应该活在这个世界上，人类只会给地球带来负担。但是他自己又害怕死亡过程中的痛苦而没有采取行动，同时，也担心父母会伤心。于是，整天沉溺于网络世界中。

现实社会中有很多孩子有厌世情绪。他们觉得活着不是一件快乐的事情，自己的存在或许都是多余，自己对生活感到很无奈，很茫然，觉得生活没有任何意义。虽然刚刚处于人生的起步阶段，却好像是已经看破红尘，对社会、家庭和自己都很绝望。他们无法跳出自己的思维，也无法得到父母的理解，只能封闭自己的心灵，躲避这个世界。悲观厌世的孩子内心是痛苦的，每天没有快乐的生活是一种煎熬。

这些孩子之所以有悲观厌世的消极情绪，是因为他们的思想中有很多谬论。要想改变他们的这种心态，必须要改变他们的思维方式。

每次谈到生命的时候，这类孩子都会振振有词罗列许多消极的方面，如果父母认真和孩子谈话的时候，会发现他们的这些想法是很片面的。这就为家长纠正孩子的看法提供了机会，家长可以从这些方面

第十二课 悲观：对世界的错误解读

157

作为切入点，逐渐进入孩子的内心，用正确的思维方式引导孩子脱离孤僻厌世的悲观情绪。

当孩子有想要和家长沟通的欲望时，家长要认真对待，不能因为忙于自己的事情而忽视了孩子的交流欲望，更不能对孩子冷嘲热讽，如果家长不愿意和孩子交流，他们以后会变得更加孤僻。

其实，许多孩子小的时候就常常会跟妈妈说，我长到多少岁的时候要做什么。孩子的这种想法，说明了一个生命与生俱来就有成长的愿望。从来到这个世界上的那一天开始，就对这个世界很好奇，主动去探索他周围的世界。如果这个时候家长过多地限制和约束，就会阻止孩子感受真实的生活，阻碍孩子的成长，对孩子以后融入社会有非常明显的负面影响。孩子会很难进入集体生活，在和小朋友社交过程中找不到乐趣。尤其是进入青春期后的孩子，自我意识逐渐增强，逆反心理很强，为了证明自己已经长大，做事常常很鲁莽。家长此时如果限制过多，就会导致孩子的悲观情绪增强，极端的就会产生厌世心态。

有些孩子对生活感到失望或许是因为看到家长遇到像离婚、下岗、股市下跌等烦心事后愁眉不展的样子，害怕自己以后会经历同样的事情。长期在这种氛围中生活，孩子就会形成悲观厌世的情绪。而有些家长则是每天牢骚满腹，抱怨上司，抱怨同事，抱怨生活的艰辛等等，孩子每天听家长这样说，就会受家长情绪的感染，对这个世界越来越失望。

因此，要改变孩子的悲观情绪，家长首先要从自己做起。家长先有好心态，从容面对生活的辛苦，保持乐观向上的生活态度，多让孩子看到生活中美好的一面，孩子自然就会变得豁达开朗。

给父母的建议

◎家长要做乐观的人——家长的性格和面对困难的态度每天都会潜移默化影响到孩子。比如某天天空突然开始下雨，妈妈便随口说了一句："这该死的天气，又下雨了！"这句抱怨的话就会给孩子一个消极的暗示：下雨天很让人烦。以后每次下雨，孩子不自觉就会产生同样的想法。但是，如果当时妈妈说："太好了，下雨了，小草、小花们又能喝到水了。"妈妈这样说就会给孩子一个乐观的暗示：下雨对植物很有好处，雨水可以让植物茁壮成长。以后孩子就不会在意雨天，也不会为雨天而烦恼。因此，家长在孩子面前，要注意调整心态，不要对生活有过多的抱怨，以乐观坚强的态度去面对孩子。

◎多为孩子安排一些愉快的活动——比如带孩子去风景区玩，或者陪孩子看一场儿童电影，甚至简单的全家一起饭后的散步。这些活动都能让孩子感受到来自父母的关爱，在这种氛围中，孩子就会产生安全感，就会形成乐观豁达的性格。

◎鼓励孩子多交一些性格乐观的朋友——孩子在和朋友交往的过程中，不仅能享受到友情的温暖，也会受乐观孩子的快乐情绪感染。父母还可以鼓励孩子多参加一些有益的课外活动，让孩子在各种集体活动中体会到生活的乐趣，培养他们积极乐观的性格。

◎为孩子创造成功的机会——有悲观情绪的孩子，大多数自信心不足，害怕失败，不能正确对待挫折。因此，家长可以在日常生活中多

第十二课　悲观：对世界的错误解读

159

给孩子创造一些"成功"的机会，可以很好地帮助孩子摆脱悲观情绪。比如，安排一些比较容易做到的事情让孩子尝试，慢慢地加大困难度。而孩子成功后，父母要及时地加以表扬和鼓励，孩子就能慢慢地树立自信。孩子的自信心增强后，就会走出悲观情绪的困扰。

◎引导孩子合理发泄情绪——心理学家认为，适当、合理的发泄有助于孩子淡化这种消极情绪，从而更关注如何解决难题。当孩子遇到困难或者挫折时，父母应该引导他们进行合理的发泄。比如，告诉他们可以大哭一场或者写日记进行倾诉，但是注意尽量不要影响到其他人。此外，父母还应该鼓励孩子在情绪发泄出来之后想想如何解决困难。

◎憧憬未来——在日常生活中，父母要给孩子多一些希望和鼓励，引导孩子多看到自己的优点，让孩子对未来充满希望。如果孩子觉得自己的未来是一种更美好的生活，孩子便会乐观开朗，热爱生活。

◎让孩子享受民主——许多孩子有悲观情绪，就是父母管制过多的结果。父母为孩子做得太多，会抑制孩子的一些行为，孩子就失去了做事过程中的乐趣。美国儿童教育专家认为，要培养孩子乐观开朗的性格，不要对孩子"控制"过严，不妨让孩子在不同的年龄段拥有不同的选择权。如，2岁的孩子允许选择午餐吃什么，3岁的孩子允许选择上街时穿什么衣服，4岁的孩子允许选择假日去什么地方玩，5岁的孩子允许选择买什么玩具，6岁的孩子则允许选择看什么电视节目，对于上小学的孩子，应该允许他结交朋友或带朋友来家玩等。只有从小就享受"民主"的孩子，才会感到快乐自立。

◎丰富课余生活——父母鼓励孩子利用课余时间多阅读有益的书籍，听一些快乐的音乐，在陶冶情操的同时，能保持对生活的积极乐观的态度。或者多参加集体活动、饲养小动物、养些花草，生活变得丰富多彩，自然孩子就会快乐向上。

◎消除孩子过多的"贪念"——如果不加限制，每个孩子对物质方面都有很大的占有欲。比如看到喜欢的玩具就想要，得到了就高兴，得不到就失落。如果一味地满足孩子的物质需求，会让孩子认为幸福就是得到喜欢的玩具，使他形成错误的价值观。所以，家长要经常提醒孩子：不要对父母提过多不必要的物质需求。

第十二课　悲观：对世界的错误解读

# 13

## 第十三课

自私：

心无他人的孤独情绪

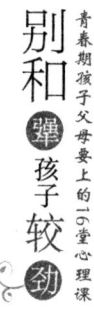

青少年心理课堂

自私是一种较为普遍的病态心理现象。自私在程度上有轻重之分，轻微一点是计较个人得失、有私心杂念、不讲公德；严重的会为达到个人目的不择手段，铤而走险。自私是万恶之源，贪婪、嫉妒、报复、吝啬、虚荣等病态社会心理从根本上讲都是自私心理的一种延展。

自私是一种近似本能的下意识行为，这种意识通常处于一个人的心灵深处。它的存在与表现通常很难被个人所意识到。人的一生中会有许多不同的需求，如生理需求、物质需求、精神需求、社会需求等等。需求推动着人的行为，人的许多行为就是为了满足需求。但是，满足需求的手段要受到各种社会规范、道德伦理、法律法令的约束，不管任何条件一味地只想满足自己需求的人就是具有自私心理的人。自私之心常隐藏于需求得到满足的过程之中，是一种深层次的心理活动。许多时候，一个人在做一件别人看来非常自私的事情时，他自己并不能意识到自己的行为是自私的，因而，他在做这些事情的时候也是心安理得的。

青少年中，大都有不同程度的自私倾向。也有人说自私是人的天性，与心理健康与否无关。持这种观点的人，多半受到人性本恶的论点所影响，认为"人不为己，天诛地灭"。事实上，刚出生的婴儿并没有自我的概念，只是在后天的成长过程中，他的人格成长经过无我有物、有我无物和物我整合三个阶段的顺序发展，自我概念才逐渐发展出来。而如果在成长过程中，由于家庭教育方式的不当和社会环境的消极影响，有些儿童一直停留在有我无物的阶段，并没有把主观和客观、自我和环境有机结合起来。这种自我概念发展障碍会导致孩子强烈的自我中心意识，而这种自我中心意识表现在行为上就是自私和没

164

有责任感。

人类是群居社会，想要在社会上有很好的发展，人们彼此之间必须相互协调、关心和帮助。如果一个人总是以自己为中心，凡事首先把自己的利益摆在最前面，就容易发展成为一个自私、吝啬、冷酷残暴的人。"以自我为中心"是孩子成长发展中出现的一种不正常的心理现象，一味让孩子的这种思维方式发展下去，孩子有可能变成一个自私自利的人，这种人在社会上是不受欢迎的，即使孩子的智商再高、能力再大，也是难以施展的。在孩子成长过程中，父母的责任就是训练儿童逐渐摆脱以自我为中心的束缚，培养孩子与他人分享的意识，逐步形成利他行为。

很多父母发现现在的孩子怎么越来越自私？每天对孩子都尽心尽力，但是轮到自己生病或者很累的时候，孩子不但没有一点同情心，反而谴责父母不像平时一样照顾他。

于是，许多父母都有这样的感叹："这一代独生子女自私、冷漠，不关心人。"父母有没有想过这些问题的根源可能就在于父母本身呢？

大部分家庭中，父母都是讨好孩子的，好吃的、好玩的都尽量满足孩子，这样还唯恐孩子不高兴。长此以往，孩子会很自然地把自己的需要放在第一位，而忽略父母的需要，觉得家里的好东西理所当然都是他的，反正爸爸妈妈不需要。认为自己就应该是家里的焦点，人人都应关注他，优先考虑他才对。稍有不顺心，就好像受到了莫大的委屈一样对父母大发脾气。这样自私的孩子是谁造就的？

可以说，这样的结果就是家长自己长期过分溺爱、娇纵造成的。现在的孩子大多是独生子女，生活条件优越，家里几个大人如众星捧月一般围绕在他身边，把孩子放在家中的核心位置，强化了他们的自我中心意识，助长了孩子的独占欲。孩子只知享受和索取，却不知道付出和奉献，长期下去，孩子很容易成为一个自私的人。

## 案例一：自私成为她交往中的羁绊

安安是她家族中最小的孩子，在家里，所有的吃的、玩的，应有尽有，随她挑选，即使到了亲戚家，也是人人都宠着她，只要她喜欢的东西，别人谁都不许动，包括她的父母。

一次安安去参加小朋友的生日聚会，规定每个小朋友都要带一样礼物进行抽奖交换，她带了一个洋娃娃做礼物，结果在游戏中被别的孩子

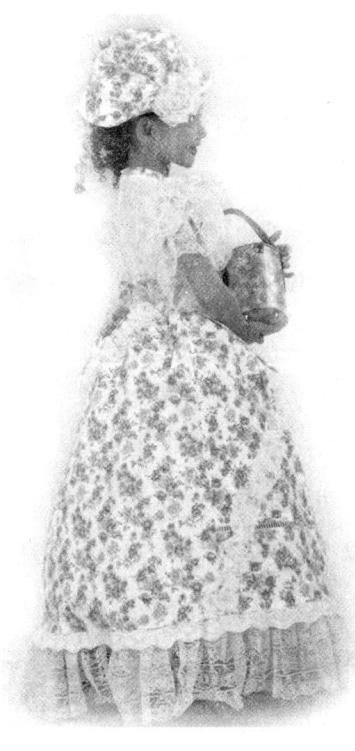

抽走了，安安就大哭起来，死活不肯接受小朋友抽中自己的礼物。等父母来接她的时候，发现自己的女儿很不高兴，得知原因后爸爸很不高兴，责怪那个抽中安安的洋娃娃的小朋友应该把礼物让给安安。从小朋友家里出来之后，爸爸马上去玩具店里给女儿重新买了一个一模一样的，才把安安给安抚下来。不过，后来其他小朋友过生日，再也没有邀请过她。

随着安安的年龄越来越大，却越来越霸道，而且特别小气自私，有时候就连爸爸吃一口她的冰淇淋，她都要大发脾气。所以，好多年过去

后，她没有一个朋友，在学校里也没有一个同学愿意和她玩，老师反映她有交友障碍。

· · · · · · · · · · · · · · · · · · · · · · · · · · · · ·  >>>

现代家庭多是独生子女，孩子都是家长的掌上明珠，父母都尽自己最大的努力满足孩子所有的需求，这就很容易养成孩子自私霸道的性格。在家里，自己爱吃的东西连爸爸妈妈都不肯分一点；在学校，则是谁也不许动他的东西，否则相互之间就会有冲突。

其实，不懂和人分享、小气自私是孩子在成长过程中必然经历的阶段。在孩子处于幼年阶段的时候，由于思维能力所限，不能理解事物之间的相互关系，所以往往会以"我"为中心去认识事物，表现出来的就是只会想到自己，不会想到别人。关键是在以后成长的过程中，能不能改变这种以自我为中心的思维方式，因此，家长的教育、引导是否得当就十分重要了。

中国家庭中爸爸妈妈尤其是爷爷奶奶对孩子最常说的一句话就是"这么好吃的东西，我都舍不得吃，就是专门留给宝宝吃的。"说话的人往往以为这样说会让孩子知道大人对他的关爱，岂不知这样的说法反而给孩子暗示家里是以孩子为主，所以孩子长期接受这样的信息，慢慢就会觉得所有的好东西理所当然就属于他了。

此外，在孩子和小朋友的交往中，家长的态度也会影响到孩子。比如当孩子不愿借玩具给小朋友玩时，一些家长会用纵容的态度说："我这孩子就是小气，真拿他没办法！"有些家长甚至担心孩子争玩具吵闹，还会让孩子把玩具藏起来。家长的这种教育方式让孩子在和小朋友来往中，慢慢地变得越来越自私。

如何改变孩子自私的习惯，首先父母在家里要特别注意不给他特殊的地位，有好东西一定要大家一起享用。刚开始的时候，或许孩子不能接受，但是父母要坚持不妥协，并跟孩子讲清楚家里每个人都有权利享

167

用的道理，慢慢地，孩子就会学会分享。

"家长是孩子的第一任老师"，家长的言行举止、待人处世，性格爱好等，都会成为孩子模仿的对象，通过潜移默化，影响孩子形成自己的一套行为方式和道德价值体系。家庭环境的影响，对孩子性格的塑造担负着举足轻重的作用。

有一则笑话，一对夫妇对儿子千般呵护，而对父母万般挑剔。某一天，这对夫妇对父母的恶劣态度被儿子看到了，其子大声叫喊，"我记住了。"其父母问他记住了什么，其子说："我记住了你们怎样对待祖父母，看我长大后怎样收拾你们。"父母哑然。可见言传身教是何等重要。因此，想要你的孩子以后成为什么样的人，家长首先要以身作则。

## 案例二：单亲家庭让他变得自私冷漠

十一岁的小磊学习成绩优秀，每次考试都在全校位列前三之内，还荣获全国奥林匹克数学竞赛三等奖。学习成绩这么优秀的小磊在学校却得不到老师和同学们的喜爱，原来小磊极端自私，大家都不愿意和他来往。

由于小磊学习成绩很好，班主任让他帮助成绩差的同学补习功课。一般的孩子都会乐于帮这个忙，但是小磊不愿意帮这个忙。他对老师说，学习成绩差的同学都是垃圾，不管怎么帮，他们的成绩也不会进步。就算考试成绩偶尔好了一两次，到升学的时候还是考不过，帮助这样的学生就是浪费时间。如此冷漠的话从一个11岁的孩子口中说出，着实让人震惊。

小磊生活在一个单亲家庭，父亲在他两岁时候就去世了，他的妈妈就独自带着他生活。从小妈妈就教育他要自尊、自强，自己的事情自己做，小磊从刚上小学起就基本上能自己的事情自己处理，遇到问题也从来不征求大人的意见。但是慢慢地妈妈发现小磊从来没关心过自己，每次生病的时候也不帮忙做家务。当妈妈问他为什么不帮忙时，他却反问妈妈，不是说自己的事情自己处理吗？家务是你的事情，应该你自己解决。

．．．．．．．．．．．．．．．．．．．．．．．．．．．>>>

据相关研究显示，青少年的不良行为都与13岁之前接受不恰当的教育，缺乏家庭关爱有关。关怀就是遇到问题的时候要从对方的角度考虑事情，将心比心。当孩子出现自私自利的行为时，事实上并不完全是孩子的错，家长要首先检视自己的行为，

小磊的母亲因为是自己一个人带孩子，所以经常教育小磊凡事要自己解决，要独立，自尊自强，而忽视了对孩子应有的温情教育，最终导致了孩子的冷漠自私，根本不知道怎么去关心、帮助别人。

家庭的不完整必然会给孩子带来教育的缺失，这种教育的缺失，会影响孩子的一生。调查显示，离异家庭子女心理健康问题最为突出，他们所表现出性情孤僻的比例比正常家庭学生高得多。那些父母离婚的家庭，由于父母感情不和，常常起冲突，家庭气氛变得冷漠、紧张，会给

第十三课　自私：心无他人的孤独情绪

孩子造成心理创伤，不仅会抑制孩子智力、性格、情绪和对社会适应能力等方面的发展，更严重的，还可能造成其精神异常和心理变态。

据调查，单亲家庭中，90%以上的子女都是与母亲同住，大多数人都以为母子关系会更加密切，但事实上只有不到50%的母亲能保持离婚前那种融洽的母子关系，更多的是随着时光流逝，母子关系愈加恶化。一般单亲爸爸会很快再婚，而单亲妈妈由于怕孩子受委屈，宁愿自己一个人扛着，在苦苦支撑的过程中，如果遇到下岗、拆迁、重大疾病等问题，单亲家庭的生活水平几乎接近贫困线。这种情况下，单亲母亲往往无暇顾及孩子的心理问题。

一般单亲母亲独自抚养孩子，会出现几种误区：一种是补偿心理，认为婚姻的不幸已经给孩子带来了伤害，就要在生活上对孩子加以补偿，于是不问对错地一味溺爱娇宠孩子，不让孩子受半点委屈；另一种是对孩子过分严厉，因为缺少父亲的管教，担心孩子缺乏自信、自尊，于是对孩子过分严厉，不切实际地管教孩子；或者和孩子疏于沟通，慢慢地母子关系越来越冷漠，尤其是青少年有很强的叛逆心理，一旦产生问题，很难解决。

解决单亲家庭孩子的教育问题，首先要单亲母亲或者父亲调整好自己的心态，如果父母本身就存在心理阴影，就很难教育出心理健康的孩子来。

## 案例三：散居儿童更容易自私

小灿今年已经5岁了，按年龄应该是幼儿园中班的小朋友了，但是与上幼儿园的孩子不同，他仍然待在爷爷奶奶身边。小灿的爸爸妈妈平时工作忙，把孩子送幼儿园又不放心，担心受委屈，便把小灿交给爷爷奶奶带。

但是最近出现了令妈妈烦心的事情，她发现小灿越来越自私。有年冬天小灿生病，非要吃西瓜，外面下着雪，但是妈妈为了给儿子买到西瓜，还是冒着大雪跑了很远，去超市给他买了回来。切好之后，妈妈也随手拿了一块要往嘴里吃，但是小灿却大哭起来，说那是他的西瓜，妈妈不能吃，妈妈很伤心，自己的儿子怎么这么自私，妈妈这么爱他，他居然连块西瓜都不让吃一口。

后来妈妈发现了原因，原来小灿一直和爷爷奶奶生活，爷爷奶奶对小灿过于溺爱，什么东西都是以小灿为主，凡是他爱吃的，爱玩的，爷爷奶奶一律不动，长期下来，养成了孩子自私的毛病。

· · · · · · · · · · · · · · · · · · · · · · · · >>>

所谓散居儿童，是指0~6岁因为各种原因没有进入托儿所或幼儿园接受集体教育的儿童。其中主要指那些3~6岁本该进入幼儿园

却由于各种原因仍然待在家里、没有接受幼儿园系统学前教育的儿童。

大部分散居儿童是由爷爷奶奶带大的，通常来说老人带孩子也是有不少优点，比如：老人有丰富的生活阅历和育儿经验，对孙辈尤其疼爱，关怀备至。老人退休后时间也比较充裕，照顾孩子更有耐心，更爱抚，责任心更强，会给孩子更多的爱。而现在年轻父母大多工作繁忙，有了老人的帮助，可以减轻年轻父母的后顾之忧，使他们更加全力以赴地投入工作。此外，孩子跟着老人，对老人本身也有好处。儿孙绕膝对老人来说是晚年生活中最大的安慰和快乐。

但是由于老人的价值观念、生活方式、教育方式等与现代社会或多或少会有差别，另外，老人的生理和心理上的特征决定了老人带孩子同样存在很多弊端。老人往往格外疼爱孩子，并且容易对孩子无原则地迁就和溺爱。加上老人顾及儿女怪罪。于是老人就处处依着孩子，对孩子不合理的欲望也会无原则地满足。时间一长，孩子就会被惯出很多坏习惯——以自我为中心，稍不如意就会大哭大闹。此外，老人的教育理念往往比较陈旧，常常经验代替科学，跟不上时代的发展，限制孩子的思维及身体的健康发展。同时，长期由老人带的孩子，跟父母会有心理上的隔膜。

据调查，散居儿童总普遍存在自私、不合群、不懂礼貌、不愿交流等毛病。与上幼儿园的孩子相比，这些孩子视野不够开阔，求知欲也不那么强烈。散居儿童未进入幼儿园受教育，没体验过集体生活，缺少规则意识，而且依赖心理严重。而作为家长，对孩子过分关照会对孩子造成不好的影响。对于儿童来说应该进入正规幼儿园接受早期教育。

"俗话说，'三岁看小，六岁看老'，三至六岁是形成孩子性格最为关键的时期，尤其四五岁是孩子性格发育成型的时候，这时脱离集体的生活难免会对其健康人格的形成造成影响。"

**给父母的建议**

◎ 学会对孩子说"不"——很多父母由于工作忙，会把孩子交给爷爷奶奶带，爷爷奶奶的溺爱常常会惯出孩子自私的坏习惯，凡事以自我为中心。因此，对孩子的无理要求，父母要学会说"不"。

◎不要让孩子吃独食——现代家庭里，通常都是独生子女。很多父母出于对孩子的爱，把家里好吃的好玩的都故意让给孩子。长期如此，会强化孩子的独享意识，弱化了共享意识。父母要教育孩子既看到自己也要想到别人，知道自己与其他成员是平等的关系，自己有愿望，别人也一样有愿望，好东西应该大家分享，不能只顾自己不顾别人。

◎自己为孩子树立榜样——父母的言行是孩子最基本和最深刻的榜样。父母在平时的言行中，表现出对他人不幸的同情、困难的帮助，对社会有一种热心、关心的态度，会感染孩子，使他也关心别人。比如要让孩子看到，家长对待长辈的规矩和习惯，并要求孩子一起身体力行；比如家长如何处理与朋友、同事，甚至陌生人的交往；经常主动地关心帮助他人，如帮助孤寡老人、给灾区人民捐衣送物等。

◎鼓励孩子社交——创造与同伴一起游戏的机会，使其逐渐掌握正确的交往方式。邀请小朋友到家里玩，鼓励孩子拿出自己的玩具和小朋友一起玩，把自己喜欢的食物与大家分享，让孩子亲身体验与他人共享的快乐。到亲子机构或公共儿童游乐场所，多让孩子参加各种活动，多少让他碰些"钉子"，在交往中逐渐学会考虑别人的权益以及如何与

第十三课　自私：心无他人的孤独情绪

人相处。

◎延迟满足——比如可以告诉孩子："如果能坚持与别人分享自己喜欢的食物或玩具，不抢夺别人的东西，两周后就奖励他那个早就相中的芭比娃娃。"延迟满足可以降低孩子的欲望，防止自私心理膨胀。

◎满足孩子的合理要求——对于孩子的合理要求可以适当满足，对于不能及时满足的要让孩子学会等待，不过分迁就，即使孩子很强硬，家长也要把正确的坚持到底，不给孩子留余地。如果有一次妥协，孩子就知道下次有机可乘，所以，家长要有狠心、恒心和耐心及坚持到底的决心。

◎多鼓励，多夸奖——以正面教育为主，对孩子的每一点进步给予肯定。恰到好处的赞美是父母与孩子沟通的兴奋剂、润滑剂。家长对孩子每时每刻的了解、欣赏、赞美、鼓励会增强孩子的自尊、自信。

◎不要误导孩子——有些大人们爱逗小孩玩："宝宝，这个苹果给我吃了。""宝宝，这个洋娃娃我抱回家啦。"小孩通常会本能地把自己的东西赶紧往身后藏，或者是赶快往自家跑。久而久之，他们的自私心理会越来越强烈，直到有一天连自己的妈妈也不准乱动他手里的东西。有好东西也想不到与别人分享，更谈不上去关心别人了。

# 14

## 第十四课

----------------------------------

### 偷窃：
### 只为寻找刺激

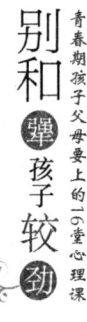

青少年心理课堂

偷窃是一种违犯法律与道德的行为，青少年偷窃是并不罕见的品行问题。国内外的许多研究都表明，14岁至18岁的年龄段是偷窃行为的易发期。心理学家认为，幼年和童年发生偷窃行为，往往是由于自我意识和自我控制能力还没发育成熟所造成的，而少年行窃就不一样了，比如中学生偷窃，这是非社会性的不良心理支配的结果。

人的行为总是受相应的心理机制所支配的。青少年偷窃是一种由于心理障碍而产生的反射症状。偷窃成癖者通常对这种行为有难以控制的欲望和浓厚兴趣，并伴随着偷窃行动前的紧张感和行动成功后的愉悦感，偷窃的目的不只是在于获得经济利益。主要表现为反复出现偷窃冲动，并付诸行动。患偷窃癖者所偷的物品多是不用或无重大经济价值的物品。

青少年的心智发育尚不完全，对事物的认识也还有偏颇，自制能力相对较弱。当他们碰到比较感兴趣的东西，往往会想占为己有，就会顺手将别人的东西拿走。事实上，在他们内心知道不应该随便拿别人的东西，但是他们心中并没有严格的错误标准，而且当遇到自己非常喜爱的东西时，没有像成年人一样的自制力，结果就出现了"盗窃"的行为。

从心理角度上来讲，大部分患有偷窃癖的青少年是因为缺乏爱和关怀所致。这类青少年有的是小时候跟着爷爷奶奶而缺乏父母之爱，有的是生活在单亲家庭，如果在学校再被同学们取笑、被孤立、惩罚，就会导致他们在潜意识中寻求一种精神补偿或者报复，最终发展为偷窃行为。

青少年盗窃和成年人偷盗虽然有本质上的区别，父母也不应该对此掉以轻心。毕竟，孩子随便乱拿别人的东西是一种不好的习惯。如果发现孩子平时有类似行为，必须加以重视，及时帮其改正。

对于孩子的这种偷窃行为，最忌讳的就是父母的包庇、袒护。有些家长觉得孩子偷拿别人的东西是件不光彩的事，为了顾及自己的面子和孩子的自尊，便采取尽量隐瞒的做法。当孩子看到家长对自己的错误如此包庇、袒护，会更加助长这种不良习惯的发展。因此，为了及时改掉孩子的恶习，家长必须改变这种爱面子的思想，正视错误，才能及早帮助孩子回到正常的生活轨道上来。

在家一向乖巧的女儿竟然去偷商场里的衣服，从不缺钱花的儿子竟然偷别人的旧玩具……当以自己孩子为自豪的家长得知自己的孩子竟然做出这样让人丢脸的事情后，简直失望至极！他们不明白衣食无忧的孩子为什么会做出这样的事情？！到底是哪里出了问题？

当偷窃成为一种"癖好"时，它已完全脱离普通人对于"偷"的理解。偷窃者往往并不是针对钱财，而是想获得偷窃时的快乐，一些年轻人得偷窃癖往往和幼年经历有关。

青少年有过一两次"顺手牵羊"的行为属于正常现象，这是因为青少年的认知能力和控制能力不如成年人强，看到喜欢的东西便想占为己有。但如果这种行为在父母的教育下仍屡教不改，甚至变本加厉，则有可能是偷窃癖的症状。

所有偷窃者都会有这样一种心理，即偷窃行为如果没有被发现，心里就会有种成功的喜悦。青少年实施偷窃行为时的这种心理状态尤为明显，第一次偷窃时，总是提心吊胆，一旦侥幸未被发现，就会期盼着下一次的偷窃。由于这种对下次实施偷窃行为的心理诱惑，作案时的担心也会随着第一次的成功而有所减少。青少年连续偷窃正是第一次偷窃成

第十四课　偷窃：只为寻找刺激

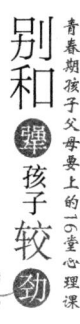
功而引诱出下次行为的结果。而这样的行为直到被抓住为止，这就是偷窃成瘾的过程。

## 案例一：女高中生偷窃成瘾

一名17岁的高中女生在一家时装店里偷东西时，被店员当场抓住。而加上被抓的这次，这位女学生已经在这个店里偷窃了五次。

令人诧异的是，这位偷东西的女学生家庭条件很不错，根本不是因为缺钱才去偷东西。

她的父母都是教师，从小对她的管教也很严格。在母亲眼中，女儿一向都很乖，从小学到高中成绩都很优秀，还是班干部，各个方面的表现都很突出。女孩的父母收入也都不错，每个月都给女儿零花钱，女儿要什么就给她买什么，实在是搞不懂女儿为什么还去偷衣服？

后来这位女生说在花光了父母给的钱之后，又十分喜欢那些东西，就想顺手牵羊偷点。没想到第一次偷东西竟然没有被发现，之后就好像上了瘾一样，第二次偷第三次偷，直到被抓住。

许多家长或许都面临过这样一个棘手的问题：在没有得到允许的情况下，孩子偷偷从家人兜里拿了钱，买了自己想要的东西；甚至从其他人那里"拿"回了本不属于自己的东西。

对于孩子的这类行为，有的家长惊恐万分，处理事情简单粗暴，不由分说将孩子暴打一顿了事；有的家长则漠不关心，甚至为了面子而包庇自己的孩子。这两种错误的做法不但不能从根本上解决问题，反而会把孩子向不正确的道路上推得更远了。

对于有偷窃行为的孩子，家长首先要做的就是想方设法维护他们的自尊心，努力把他们从歧途上拉回来，同时给他们提供悔悟的机会，晓之以理，动之以情，以加强引导为主。

调查显示，绝大多数青少年在成长过程中都有过"顺手牵羊"的经历，但情节较轻，一般算不上偷窃行为。当家长发现孩子的这种行为时，既不能掉以轻心，也不宜反应过度。家长处理问题方式的合理与否直接影响着孩子的未来成长。

有偷窃行为的青少年往往缺少是非感，他们很少或者根本想不到自己的行为会对当事人造成什么样的损害，情绪情感的不稳定性和冲动性往往是他们实施偷窃行为的动力。

从心理方面来说，偷窃成瘾的青少年通常有一定的心理障碍。心里通常有很大压力，偷东西只是潜意识中缓解压力。对于偷窃成瘾的青少年，一味地指责批评就意味着压制了他们的精神需求，不但效果不好，反而随着年龄增长会形成更加严重的心理障碍和人格缺陷。

面对这样的孩子，父母一定要有足够的耐心，不要用过于偏激的教育方法，认清孩子内心缺乏关爱的事实，学会和孩子进行深层沟通，在拉近和孩子的心理距离的同时，也能缓解孩子的紧张感。其次，父母要和孩子一起协商改正的计划，并对孩子的进步实施奖励。在满足孩子的合理要求的同时，引导孩子对自己加强克制。

第十四课　偷窃：只为寻找刺激

## 案例二：偷窃只为报复父母离婚

十五岁的于蓝是个看上去很安静的男孩，但是就是这个很安静的男孩，却有偷窃的习惯，不过他的偷窃范围只限于父母和亲戚朋友。

于蓝上的是寄宿学校，每周末才能回家。每次回家，父母都给他足够下个月用的零花钱。但是一次偶然的机会，母亲发现儿子竟然从家里和亲戚那里偷钱。经过到学校了解之后才发现，于蓝在他们班里是出了名的大方，不但经常请同学吃饭，还有借必应。

经过多次盘问才发现于蓝偷钱的真正原因。原来一年前，他的父母闹离婚，后来经过家人干涉，最终没有离成。但是夫妻双方的关系一直没有和好，而且各自都有了新的朋友，夫妻关系名存实亡。学校里的同学都嘲笑于蓝有两个爸爸两个妈妈，这让他在同学面前很丢脸。为了报复父母，他决定从家里和亲戚那里偷钱，让周围的人嘲笑父母有个小偷儿子。同时，这些偷来的钱也可以让他在同学面前显得更加阔绰，可以为他挽回点面子。

于蓝偷窃的行为主要根源是对父母的报复心理，因此，作为父母，首先要处理好夫妻之间的关系。同时，家长要保证孩子在父母离婚后，仍能感受到父爱和母爱，并且不要在孩子面前互相伤害。对于已经明理的孩子，父母应该顾及孩子的自尊心，多与孩子进行沟通。

青少年出现偷窃行为是最使父母担心的。俗话说："小时偷针，大时偷金。"在父母的眼里，这样发展下去是很危险的。事实上，青少年的偷窃行为往往不像成人偷盗那么有明确的目的，他们并没有意识到问题的严重性，这种情况是完全可以得到恰当地解决。

在实际生活中，青少年偷窃行为比较普遍、同时也比较严重的就是偷家里的钱。究其原因是多方面的，有的是因为家长对孩子的管束过分严格，当孩子看到有的东西别人有而自己没有，看到别人吃零食而自己的父母却严格控制自己不让吃零食的时候，他们就会突破心理底线，偷偷地去拿家里的钱来满足自己的需求。通常这时候，孩子的心里觉得反正是自己家的钱，自己拿些来花也无所谓。而如果家长平常就将钱到处乱放，对自己的钱根本不在意数目，孩子偷偷地拿些也没觉察到，时间长了，孩子就会养成随便拿钱的习惯。而有的孩子偷窃则是由家庭环境造成的，上述案例中的于蓝就是这样。还有的孩子受同学或者媒体上的不良影响，虚荣心较强，从家里偷钱为了满足自己的物质需求。

因此，当父母发现孩子有偷拿家里钱的习惯时，家长要明确告诉孩子这是不好的行为，以及以后如果长期这样下去，将会出现的后果。孩子如果真的有需要，可以跟家长讲明情况，征得家人的同意后再去买需要的东西。还应告诉孩子不是自己的东西不可随便乱拿，需要经过别人的允许才能拿来，不能偷偷地带回家，使用过后应该主动送还给人家。当发现孩子把别人的东西偷偷拿回家时，家长不要一味地批评，而是要耐心询问，并带着孩子把东西及时给对方送回去，向对方道歉，让孩子知道自己的行为是错误的，要及时改正。青少年偷窃的行为习惯一旦养成，将来步入社会，很有可能走向犯罪的道路，后果不堪设想。

第十四课　偷窃：只为寻找刺激

## 案例三：无家可归12岁的少年走上偷盗之路

　　12岁的"小团子"是某个县城里"童子帮"的骨干之一。"小团子"出生的时候本来有个幸福的家庭，父母都很宠爱他。但是在他8岁的时候，家庭发生了变故，父母因为有了第三者而离婚，离婚后，双方都又重新组建了家庭，"小团子"就成了多余的"拖油瓶"，谁都不想让他跟到新的家庭里，"小团子"只好跟着年迈的奶奶。两年后，病重的奶奶也离他而去，"小团子"只剩下孤零零一个人。

　　"小团子"到处流浪，有时候给商店帮忙，可以换几顿饭吃，有时候偷点废铁之类卖给收破烂的换点钱。有钱的时候就去住旅社，没钱的时候就在录像厅里过夜。

　　流浪中的"小团子"认识了一些经历和他差不多的"哥们儿"，这些"哥们儿"很容易就说服了"小团子"加入了他们的团伙。"小团子"几乎在每次盗窃活动中都充当着谋划、联络、望风等角色，很快他成了团伙中的骨干之一。在两年之内，他们盗窃的东西价值200多万元，租住的房间内，任何一件日用品都是偷盗来的。

　　在"小团子"的心目中，这个社会没有温暖，连自己的亲生父母都能抛弃自己，还能有谁真正关心自己呢？他在这个世界上没有朋友，他觉得所有的人都是互相利用的关系。

青少年常常被比喻为"祖国的花朵"，他们的生命充满着希望。在这个令人羡慕的黄金年龄，本应该在父母的呵护中健康成长，在明亮的教室里刻苦学习。而有的青少年却由于种种原因陷入了犯罪的泥沼。在人生的起步过程就印下了挥之不去的污点，人们在对这些"花儿"的过早凋零扼腕叹惜的同时，不能不进行深刻的反思。

青少年的价值观是随着知识的增长和生活经验的积累而逐步确立起来，在这个过程中，受到家庭、学校、社会等各种环境因素的影响。青少年是一个特殊的社会群体，他们正处于由未成年到成年的过渡时期。他们的思想、行为已由幼年的依赖心理变得相对独立、成熟。但是青少年毕竟缺乏社会经验，正处于心理上的"断乳期"，模仿、独立、叛逆心理悄然而生，如果周围的环境对他有负面影响，加上教育不当，青少年很容易走上违法犯罪道路。

有研究显示，有偷窃行为的9~14岁孩子中，有36%的人是因为来自家庭的压力而去偷窃。据国内目前的最新调查发现，父母离异家庭的未成年人犯罪率是健全家庭的4.2倍。

家庭是孩子成长过程中最重要的地方，父母是孩子生活的启蒙老师，良好的家庭环境，会促进子女健康成长，反之，则会造成子女的心理障碍以致诱发违法犯罪。有的家庭放任孩子自由成长，认为管束太多会影响孩子的性格形成，这种家庭里的孩子容易受到不良诱惑。有的家庭对孩子百般溺爱，养成孩子任性娇纵、飞扬跋扈，极度以自我为中心。有的家庭对待事情简单粗暴，信奉"棍棒底下出孝子"，"不打不成器"，在这样的家庭环境中成长的孩子容易产生逆反心理或者自暴自弃。父母不以身作则，放纵自己，整天沉迷于酗酒、赌博、麻将中，孩

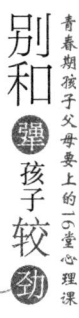
子就会"近墨者黑"，天天耳濡目染，孩子自然而然就沾染上了不良习惯。此外，更为重要的是家庭变故对孩子的影响，如父母离异、死亡或者父母出外打工无法顾及孩子，都有可能会使孩子得不到应有的家庭的关心爱护和精神支柱，有的甚至不得不过早退学进入社会，结交社会不良青年而误入歧途。

此外，学校对青少年的思想道德和法制教育也应担负着一定的责任，目前很多学校只是"应试教育"，而对德行的教育比较疏忽，也是青少年偷窃行为的重要原因。因此，对青少年的教育应从家庭、学校、社会三个方面都要加强，才能有效地减少青少年误入歧途的概率。

给父母的建议

◎摆正心态，正确面对——偷窃行为往往受人歧视，对待有偷窃行为的青少年，家长首先要摆正心态，站在孩子的立场思考问题，对孩子的行为表示理解。首先消除孩子的对立情绪，拉近心理距离，缓解孩子的紧张感，从而为后续的教育与纠正打下坚实的基础。

◎关注孩子的情绪变化——青少年受到家庭或者社会伤害后，感情脆弱，内心会产生怨恨自己和社会的情绪。家长一旦发现孩子的这种变化后，要马上和孩子进行积极沟通，掌握孩子内心的想法，并对他进行开导，有效地疏导孩子心中的怨恨。如果不能及时消解，很可能会导致青少年的报复心理。

◎给孩子适当的"零花钱"——如果受家庭条件所限，家长没有能力给孩子"零花钱"，应该耐心地跟孩子解释原因，并且用更多的爱和关怀来弥补。家长不要理所应当地认为孩子能体谅家长的难处，青少年毕竟不是成人，不具备成熟的心智，对许多问题理解不够透彻，不够成熟。很多父母一相情愿的想法孩子是没办法理解的，正是这些解不开的症结才有可能导致青少年实施偷窃行为。

◎"净化"孩子的生活空间——"近朱者赤，近墨者黑"，虽然不用学孟母三迁，但是也要经常关注孩子的周围环境，留意孩子来往的一些同学朋友，经常去的娱乐场所。让孩子远离不良环境，就有可能从根本上减少孩子偷窃行为发生的概率。

◎收起可以诱发偷窃的实际物品——不要随便乱放钱包、零钱等；去别人家，临走时提醒孩子把玩过的东西放下再走等。父母要刻意地为孩子制造一个不容易产生偷窃行为的环境。

◎要教育孩子勇于承认错误——人都有犯错误的时候，青少年也不例外。因此，父母要帮助孩子正视自己的错误，改掉偷窃的行为。一旦发现孩子有偷窃行为，父母应该及时陪孩子一起将物品归还原主，同时要教育孩子致歉或赔偿，不要让孩子将错就错或存在侥幸心理。

◎要给孩子改正的机会——父母在面对孩子的偷窃行为时，不要表现得过于愤怒、失望和吃惊，更不要随便给孩子贴上"小偷"的标签。父母此时要做的就是正确引导和说服孩子，比如你确定孩子从你的皮夹里偷了钱，最好不要用提问的方式问这件事，而是告诉他："你从我的皮夹里拿了一块钱，我希望你还给我。"当钱被还回来时，大人应该跟孩子说："如果你需要钱，可以问我要，我们可以商量。"如果孩子否认拿了钱，不要和孩子争论，也不要恳求他坦白，而应该说："你知道我已经知道了，你必须把钱还回来。"如果钱已经花光了，那么谈话的内容应该集中在偿还的方式上，比如做家务，或者在零花钱当中扣除。这样就可以通过正确的引导将孩子的偷窃行为遏制在萌芽时期。

◎加强孩子的法律意识——父母要加强孩子的法制教育，增强孩子的法律意识。要告诉孩子偷窃是违法行为，会造成什么样的后果。孩子在日常的教育中慢慢懂得了社会道德规范，逐渐增强了法制观念，就不会去做违法的事情了。

# 15

## 第十五课

自残：
想要得到亲人的关注

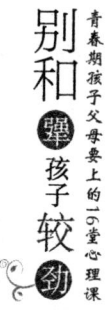

青少年心理课堂

自残是一种心理疾病，是指人对自身肢体和精神的伤害。一般来说，对精神的伤害难以觉察，因此，如果不特别指明，自残仅仅是指对肢体的伤害。自残行为并不少见。每个人都可能产生过自残的念头，只是大多数人没有采取实际行动而已。

自残行为的发生往往是多种因素交错影响的结果，与青少年自残行为息息相关的因素分为三个层面：个人、家庭与学校。

有自残行为的青少年往往性格比较孤僻，人际关系较差，在家里也很少得到父母的关爱。在学校受欺负后忍气吞声，可能会变得更加孤僻，遭到家长责骂后会觉得自己一无是处，只好将愤怒发泄在自己的身体上。导致自残行为的另一个主要因素是家庭环境，如父母离异或感情不和、家庭暴力或家庭生活不幸、学习竞争、感情问题从而导致内心承受着巨大的压力。

在自残的孩子中，少部分人会有自杀的念头或者是设想过各种自杀的场景。这些孩子的自残行为或自杀念头如果不能得到及时发现和有效干预，后果就是走向真正的死亡。有很多家庭发现了孩子的异常行为后，对他们这种行为方式处理不当，如特别限制自由，寸步不离；或以为小孩有什么不可告人的秘密，千方百计窥探其隐私；或者吓唬孩子，如果下次再这样就把你送精神病院等等，这样不仅无助于小孩摆脱自残行为，只能更加重他们的逆反情绪和心理压力。

家庭亲子关系是孩子健康成长的基石，父母应花心思关怀孩子，防止问题出现。一旦发现孩子有问题，需要及时寻求专业人士帮助。更重要的是父母应通过各种方式如谈话、留言，让孩子知道父母在关心他，理解他们的压力，心里有什么想法可以告诉父母，父母会想办法帮助他们。此外，还要多鼓励孩子参加各种健康的文体活动，结交朋友，必要时要多参与孩子的活动；客观地告诉他们这种行为对身体和心理的危害。和孩子形成良好的互动关系，帮助孩子早日走出心理阴影。

有许多父母得到老师的反馈，说孩子在上课时经常咬指甲、吮手指、摆弄手指，注意力不能集中。经过苦口婆心的劝解不行，严厉的惩罚也改不掉这个令人发愁的毛病。"你看看他，整天就是摆弄两只手，你看看他两只手！"还有的父母偶然发现自己孩子身上会出现一些莫明其妙的伤疤，问他怎么回事，他也总是闪烁其词。

更为严重的是，我们经常会从新闻媒体上看到某个青少年突然做出令人意外的自杀行为。花季的青少年，会有什么生命中不能承受之痛，以致忍心作别这个世界？往往这个时候我们关注的都是青少年本身，而很少从他生活的家庭环境和社会环境来考虑。

## 案例一：十指光秃的小男孩

小舟是个十二岁的刚上初一的小男孩，平时学习成绩没问题，但就是有个"坏毛病"，啃指甲。小舟从小就不在父母身边，由爷

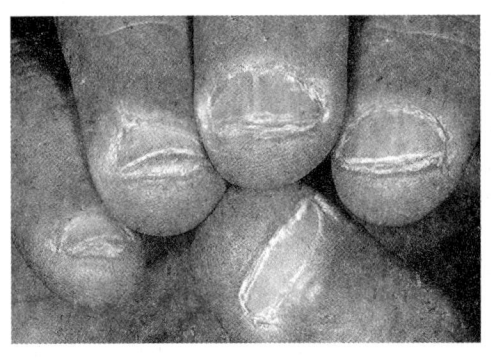

爷奶奶带大，上小学后回到了父母身边。上学不久常把手指关节弄得咯咯响。母亲担心养成坏习惯影响孩子的学习，便辞职在家，对他严加管束，经常为这件事打骂他。后来，终于听不到他手指关节的咯咯声了，但是一次偶然的机会，母亲发现他十指光秃秃、指甲都被剥掉了。甲床周围的皮肤粗糙增生，倒刺翘起，有的还留着撕扯后的伤痕。经过盘问才知道是他自己剥掉的。母亲带他去看医生，有医生说这是缺锌引起的，于是补锌、排铅的保健品吃了一大堆，但都无济于事。

>>>

在传统的教育习惯中，咬指甲、上课开小差、做作业动作慢等被视为孩子的坏习惯，通常父母的应对之策就是打骂。事实上，这些"坏习惯"都是有心理根源的，大部分都是教育方式不当，造成孩子心理障碍，要想从根本上解决这些人的问题，其所在的整个家庭都需要接受治疗。

上述案例中的小舟经过心理医生的诊断，发现他存在社交恐惧，并伴有自卑、轻度的情绪低落，对母亲过度依赖，生活自理能力差。同时小舟的母亲也存在着明显的焦虑情绪和睡眠障碍。而小舟的父亲由于忙于生意，很少有时间在家，即使回家，也很少和妻儿交流。对小舟的教育全部由母亲负责。

在咬指甲、吮手指、摆弄手指的背后，往往反映了孩子和家长的心理需求未能获得及时的满足。孩子在情绪焦虑、恐惧、孤独寂寞时，常常会以此行为暂时缓解自己的压力，获得安慰。因此，打骂和斥责只会加重情况的恶化。对待孩子的"手指问题"，必须要全面评估父母和孩子的心理状况，解决存在的情绪和行为问题。

## 案例二：为消除苦闷，少女自伤

小瑛是一个看上去很文静的女孩，正在一所重点中学读高二。她的父母都是知识分子，对她也很溺爱，对她的要求尽量都去满足。到了高中，学习压力加重，父母为了她能上个好的大学，对她的管束开始多了起来。为此，她常常和父母起冲突。

一次，父亲动手打了她。在小瑛的记忆中，父亲从来没有动手打过她，当时她内心一下子感到很绝望，觉得自己被这个家排除在外，没有必要在家里待下去。于是她拿起一本书朝父亲脸上扔去，然后跑出了家门。她边走边哭，想不通父母现在为什么不像小时候对她那么好了？连自己的父亲都动手打了她，这个世界上还有谁能真正理解自己，关

心自己？越想越伤心，不知不觉中自己的左胳膊被右手指抠出了一道血印。但是当时并没有感觉到一丝疼痛，反而有一种情绪发泄的快感，感觉心情很舒畅。

从此之后，小瑛的性格变化很大，她不再喜欢和别人交往，常常独

来独往，越来越忧郁，同学们暗地里都叫她"独行女侠"。每次和父母有冲突的时候，她就会偷偷地用小刀在胳膊上划出血道。

　　小瑛之所以有自伤行为，是因为父母小时候对她过分溺爱，使她产生了较强的自我中心倾向。而当她进入中学之后，父母对她关心的重点发生了变化，从关心她的生活转到关心她的学习上，而她已逐步进入了心理断乳期，需要父母对她的心理给予极大关注，可事实上，父母的行为背离了她的愿望，使得她越来越感到不受重视。加上学习成绩不理想，自己也无法肯定和悦纳自己，这种心理上的失衡无处发泄，但又急于发泄，这样，她唯一能找到的对象就是她自己，每次自伤都使她得到暂时的缓解，但是过后又重新回到失衡状态，甚至比先前更严重。这样恶性循环下去，如果不及时解决，对其将来的发展会有很大的负面影响。

　　事实上，每个青少年在成长过程中都会遇到这样那样的问题，最重要的是如何正确引导他们安全度过这个时期。后来小瑛根据心理医生的建议，每天记录下自己的心态变化，对消极的认知加以反驳。比如"今天希望每个同学都能关注自己"，而这个愿望没能实现，则反驳"一个人不可能得到每个人的关注，因为我也没关注每一个人啊"。另外老师和父母也配合心理医生，多鼓励她参加一些课余活动，多看一些课外书，拓宽自己的视野，让自己的心胸变得开阔，这样，就不会感到压抑，所谓的烦恼也就不称其为烦恼了。大约经过半年的时间，小瑛完全摆脱了自伤行为。

　　类似小瑛的现象在校园内并非个例。据北京一家青少年心理研究所统计，在他们开诊的三年多内，就发现至少有百名年纪在13岁~15岁的少年，出于不同的原因，用剃须刀、玻璃片或刀子，甚至还有用香烟头——伤害自己的身体。

这些青少年之所以有这种自残行为，是因为他们心中有很大的压力，而这种行为能够缓解这种压力，给心理带来某种满足。现今的家庭，一般都集中全部精力、财力、物力来抚养独生子女，家长给予孩子的关爱往往表现为无原则的溺爱。而在孩子进入青春期后，孩子开始有自己的人生观，家长仍然采取包办、干涉的方式，从而导致孩子产生厌烦反感情绪，进而发展为任性、自私、冷漠等性格弱点，遇到挫折就会产生悲观、叛逆的"情感危机"，没有自我控制能力，割腕自残之类的过激行为也就在所难免。

因此，青少年成为"自残族"，说到底，是家庭教育的失败。提倡家庭民主、父母和子女平等对话，加强亲子教育与沟通，关爱有度、教育有方，培养孩子的健康心理，锻炼其坚强的人格品性，是杜绝青少年发生自残行为的良方。

这些有自残行为的青少年中，80%左右是女孩。因为男孩子们的暴力倾向体现在破坏行为上，而女孩子由于自身条件限制，则多采用对自己进行残害的方式。但是这些孩子有一个共同点，就是性格比较内向或者孤僻。他们把自己割破，往往能够感到舒服一些，然而这种快感非常短暂，因此过不了多久，他们就又要重复。

在自残的孩子中，有因感情问题自残学习压力；有因父母离异或家庭生活不幸；还有受别人影响觉得好奇等等。在这些孩子中，大约有30%的人会有自杀的念头或者是设想过各种自杀的场景。这些孩子的自杀念头如果不能及时排遣，最坏的结果就是走向真正的死亡。而这样的事例，也时常常见诸报端。

別和
孩子较劲
青春期孩子父母要上的16堂心理课

## 案例三：自残只为证明自己的存在

15岁的小耘在同学眼中是不合群的。他的父母是生意人，每天都很忙，每次都是简单地告诉他需要做什么事情，而没有耐心告诉他为什么这么做。只要物质方面不缺乏，从来不过问他的精神方面的需求。他觉

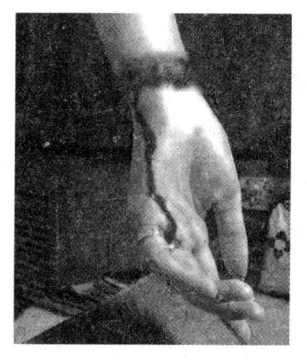

得自己就像是被撒播到茫茫人海中的一粒种子，任由自生自灭，没有人关心，没有人需要。每天独来独往，也很少和同学们交流。难过的时候就用烟头烫胳膊，甚至拿刀子割伤自己。割伤的时候很痛苦，但他说这样能证明自己的存在。而直到现在小耘胳膊上的这些伤口他父母压根都不知道。长期的孤

独，让他习惯于拒绝接受别人的关怀。一次割破手腕后，被一个女同学发现了，那个女同学就给他写了一封劝慰的信，结果小耘不但不感激，反而很生气，他不愿别人走进他的内心。

· · · · · · · · · · · · · · · · · · · · >>>

家庭是每个人成长学习最基本的环境，儿童与青少年的行为和生活规范主要形成于家庭之中，即使同学的影响力在青少年时期会慢慢增强，但家人的影响仍扮演着相当重要的角色。

自残行为往往是一种学习的结果，通过观察他人类似的行为而发

展出来的解决问题的方式。因此，如果青少年所处的家庭之中曾经有过自残行为的人，他模仿这种行为的概率就比较大。而一旦通过模仿到的自残行为能够使其得到情绪上的缓解、得到想要的物品，或是他人的关怀，当他再次遇到同样情形的时候，便将自残当做一种可行的解决之道。

许多自残青少年和父母的关系常常不和谐，甚至有很大的正面冲突。一旦亲子之间出现冲突，父母和子女双方都面临很大的压力，在有些家庭中，这些压力能够慢慢被释放出来。而有些家庭中，这种压力却不能得到很好的释放，而是慢慢积蓄，直到形成更大的家庭风暴。如果不能及时地妥善处理这种压力，便可能因此埋下日后青少年问题的种子。

青少年长期处于这种紧张的压力之中，常常会感到自己和父母的关系越来越恶化，被父母拒绝或者抛弃。随之而来的情绪反应可能是愤怒，当找不到合适的途径来宣泄这种愤怒的时候，只有通过伤害自己的身体来缓解心理上的痛苦。

在整个家庭系统中，父母之间的关系同样对孩子的行为产生影响。当父母亲关系不好，而且常常发生冲突的时候，他们通常无暇顾及子女的需求与问题，更不能关心或提供子女必要的情绪支持。家庭暴力或冲突往往成为青少年生活的压力源，父母之间的暴力冲突虽然并非直接针对孩子，但这样的生活环境却很容易让子女产生无力或无助感，他们为无法改变父母之间的关系而感到挫折、沮丧。有些则认为自己是造成父母冲突的原因，因此自责、产生罪恶感。此外，冲突与暴力的生长环境让孩子无形中也学会了以暴力来解决问题，除了对他人可能的暴力伤害外，面对自己的困难时，也可能以伤害自己来处理。

随着青少年的成长，学校环境同样是青少年生活中不可缺少的组成部分。而在学校中，影响最大的就是同学，其次是老师。同学的主要影

响是情感性的，在需要的时候能够互相提供情绪支持或者鼓励。而有自残行为的青少年通常和同学之间的关系相处得并不好，他们在遇到问题的时候，无法从同学那里获得必要的安慰和支持，因此就增加了其以自残来处理问题的概率。同样有自残倾向的同学，也常常不能很好地和老师沟通，从老师那里获得支持和劝慰。

　　相对于其他类型的青少年问题，自残行为有相对较高的隐蔽性，当事人往往不会向他人主动显露身体上的伤口；即使有人看到，多数人也往往因为对自残行为的理解不够，而误将这样的伤害解释为要酷的行为，这样的误解不仅不能有效地回应这类孩子的需求，也会失去及时提供适当处理的机会。许多看似没有问题的孩子其实是有心理上的需求未被满足，他们需要我们的主动关切，所以当看到青少年身上有莫名其妙的伤疤时，要主动询问他们为什么会有伤口？了解其发生自残的情境，以找出使之产生困扰的原因，这样才能对其提供必要的帮助。

给父母的建议

　　◎ 学会"爱"孩子——没有一个父母爱自己的孩子，但是如何正确地爱自己的孩子，并不是每个父母都明白的。青少年的自残与父母有很大的关系。有很多父母根本不知道自己孩子手腕上有那么多刀痕。父母所谓的爱孩子，不是望子成龙的严苛管教，就是爱不释手的溺爱。事实上，孩子的心理健康至关重要，尤其是在青少年心理成长过程中会出现叛逆期，家长更要重视孩子的心理健康，与孩子建立亲密的亲子关系，帮助孩子减轻压力，让孩子学会正确看待困难和挫折，从而可以避免类似的悲剧再发生。

◎不要轻视自残行为——许多家长其实知道自己孩子的自残行为，但因为不知道该如何和孩子谈论这个问题，又没有发生多么严重的危害，没有危及到生命，也没有伤害到他人，因此常常对这种行为避而不谈，并认为随着时间的推移，孩子的这种行为会自动消失。事实上这种视而不见的应对方法并不能让孩子停止自残，这种漠视反而会无形中助长了孩子的这种行为。因此，当发现孩子有自残行为的时候，如果自己无法解决问题，就及时地求助于专业人员，尽快地让孩子摆脱这种行为。

◎不要让孩子成了家庭的"受害者"——大部分有自残行为的青少年往往家庭氛围不和谐，要么父母关系不好，要么亲子关系不好，或者父母忙于事业，无暇照顾孩子。当发现孩子有自残行为时，要及时地表达父母对孩子的关怀，积极改善家庭环境，才能很好地降低青少年自残行为的发生概率。

◎时刻关注孩子，防微杜渐——根据美国心理专家的研究，青少年自残之前一般都有征兆。首先这些孩子在自残之前会有很长一段时期的妄想期，他们会幻想各种减轻痛苦的方式；其次注意力会变得很差，上课或者在家写作业经常会走神，有时候家长或者老师叫好几次名字都听不见。如果有这些现象的孩子没有得到有效的引导和排解，孩子就会进入急性发作阶段，这时候孩子的身体外形会发生莫名其妙的变化，如剃光头及拔除眉毛、睫毛等，这种时候就需要身边的亲人加强监控，因为下一步很可能就会发生自残现象。自残行为包括割伤、致残、破坏或改变身体一部分，可能导致永久伤残。

◎孩子需要关心的不仅仅是学习成绩——许多有心理问题的孩子往往不善于与人交往，也缺乏积极主动的生活态度，遇到难题很容易自我怀疑、自我放弃。当孩子出现心理问题时，最应该帮助其摆脱困扰的就应该是朝夕相处、至亲至爱的父母。但事实上，许多时候父母并不是最了解自己孩子的人。多数家长忙于工作，很少与孩子进行心灵的沟通，尤其是孩子上了初高中之后，家长往往只关心孩子的学习情况却忽略孩子的心理成长，等孩子出现心理问题后又采取不恰当的方法去应对，事情越变越糟。因此，在日常生活中，应多找机会和孩子进行全方面的沟通，而不仅仅是只关注孩子的学习成绩。

◎找心理医生不丢人——近年来，社会各界对青少年心理问题越来越重视，国内也开办了许多正规的心理咨询机构，为青少年提供帮助，但是一些虽然已经意识到自己心理有问题的青少年还是很不愿去找心理医生求助，他们觉得去找心理医生是一件很丢脸的事情。作为父母，一定在发现孩子有自残倾向之初，坚定地带孩子去看心理医生，不要等病情发展到使孩子严重偏离了正常的生活轨道之后才去找医生，往往已贻误了治疗的大好时机。

◎建立定期筛查机制——青少年通常不会因为自身的问题而主动求助，而自残行为又比其他心理问题具有更强的隐蔽性，所以需要通过全面性的评估工作筛选出具有自残倾向的青少年群体，对筛选出来的青少年，要及时地联系父母，并适当地要求专业机构介入，才能对青少年自残问题早发现、早治疗，避免不必要的悲剧的发生。

◎丰富课余生活——鼓励孩子参加各种文体活动，多结交朋友，扩展一下社交圈，必要的时候要多参与孩子的活动。

# 16

## 第十六课

早恋：

缺乏父母关爱的情感补偿

青少年心理课堂

青少年早恋是一种正常的心理状态，是处于青春期的孩子由于身体发育、性的萌动等而导致的对异性的关注和爱慕的情感，当这种情感不断增强，对特定的异性产生缠绵的爱恋之情是很自然的。不同的社会文化对待青少年早恋的态度不同，在我国的古代和西方社会，早恋是一种司空见惯的行为方式。当早恋现象和社会观念发生了冲突，问题就显现出来。

青少年出现对异性的爱恋，是成长过程中身体发育到某个时期的自然变化，很多青少年只是在心底有这种感情，并未付出行动，而有的青少年则会向自己心仪的对象进行表白，渴望进一步交往。对青少年异性之间的正常交往，家长不要横加干涉，把纯洁友谊当做恋爱关系。对于发生实际恋爱的青少年，首先要信任他们，尊重他们的情感，对他们的行为表示理解。既不能表现得过分敏感，也不能等闲视之，坐视不管。但是不能采取压制、打击等简单粗暴的方法解决。青少年的感情往往很强烈，理智脆弱，而青春期的孩子又比较叛逆，家长的粗暴干涉只能得到孩子的更加反抗。作为父母或者师长，对青少年的早恋行为，应该是引导为主，帮助孩子处理好情感的波动，培养孩子学会约束自己的行为，降低对学习的负面作用，使之转化为学习的动力。

对于一方面抑制不住情感冲动，一方面又担心影响学习的青少年，家长应该充分让孩子首先承认自己的情感，允许这种情感的发生，并有一定的来往。过于压抑的情感就会产生焦虑情绪，反而会对学习和心理健康更为不利。而对于因恋爱失败或者单恋而苦恼的孩子，家长要体谅他们的痛苦心情，帮助他们分析情感的相互性，需要双方的共鸣，并鼓励孩子接触其他异性，但在引导的过程中，不要贬低其爱慕的对象，尊重青少年的感觉。

心理学家研究显示，发生早恋的孩子，大部分是因为缺少来自家庭的关爱，如生活于单亲家庭，或者家庭氛围不和睦，父母对孩子的关注和照顾不够多等。要想避免孩子的早恋行为，家长首先要给孩子一个温馨幸福的家庭环境，让孩子身心健康成长。

有位作家说过，早恋是一朵带刺的玫瑰，我们常常被它的芬芳所吸引，然而，一旦情不自禁地触摸，又常常被无情地刺伤。

近年来，青少年因为感情问题自伤或伤害他人的新闻常常见于各种媒体。因此，各方都是视早恋如洪水猛兽，当得知自己的孩子早恋，大部分家长都如临大敌，有的父母对孩子处处小心，生怕孩子受到伤害；有的则气急败坏，把孩子打骂一通……现代社会由于孩子的身心都比以前成熟得更早，因此，早恋已经成为一个比较普遍的问题。

◇ 陷入早恋的青少年，往往会出现一些反常现象。心理学家将之进行了归纳：

◇ 电话短信突然增多，有时深夜还躲在被窝里偷偷打电话；

◇ 孩子成绩突然下降，上课不能集中注意力；

◇ 突然变得注意外貌，经常爱修饰自己，常对着镜子左顾右盼；

◇ 原来活泼外向的孩子突然变得沉默，有什么事情不愿意和父母说；

◇ 经常找借口出去，有时会对父母撒谎；

◇ 放学回家喜欢一个人待在房间里，看似读书，实则发呆，或在想心事；

◇ 情绪起伏很大，有时情绪亢奋，有时忧郁低沉，有时烦躁不安；

◇ 突然对描写爱情的文艺作品感兴趣。

虽然早恋现象比较普遍，但是如何很好地解决这个问题却很棘手，很多家长担心自己处理不当，反而会造成更严重的后果。

## 案例一：早恋少女遭父母打骂企图自杀

小叶今年十四岁，是某中学三年级的学生。小叶的家庭条件不太好，母亲下岗在家，父亲也即将面临下岗，因此父母对小叶给予很大的期望，希望她以后能有出息，不要再像自己那样生活困苦，对她的管教也比较严格，放学必须马上回家，不准和女同学出去玩儿，更是不准和男同学接触，不准看课外书，只许看课本。而从上学以来，小叶也没有辜负父母的这份期望，一直成绩名列前茅，父母都因有这样的女儿感到自豪。

然而，从上了初三，事情发生了变化。一次放学的路上，小叶突

然被一个同班的男生截住，那个男生朝她手中塞了一张纸条，就匆匆离开。男生在纸条里表达了对小叶的爱意，同时指出了小叶活得并不愉快。因为事情发生得太突然，小叶的心里怦怦直跳，她躲在一个没人的地方

冷静了很久才往家走。

这个男生是小叶班里的语文课代表，不但学习成绩好，人长得也比较帅气，浑身充满阳光，是他们班女孩子心目中的偶像。小叶想不到大家心中的白马王子会对她如此关注，而接下来的日子，小叶便常常感到一双充满深情的眼睛在注视着自己，她感到心慌意乱，心中有种抑制不住的兴奋。终于她控制不住自己的情感，答应了和那个男生交往。

在两人来往的过程中，小叶觉得只有他能理解自己，懂得自己的烦恼。于是为了和他约会，过去从不说谎的小叶开始对父母编造各种理由出来。但是承载着父母全部希望的小叶，内心也有很大的压力，她不敢想象一旦父母知道事情的真相会有什么样的做法，她常常内疚，觉得对不起父母的养育之恩，因此，上课的时候，小叶常常不能集中注意力，学习成绩开始下降。终于有一天还是被父母发现了。

粗暴的父亲和无知的母亲，对小叶进行了一顿暴打，并将她赶出门外以示惩戒。想着父母责骂自己没有良心，辜负父母的期望，父母对她"下流"的辱骂，小叶想到了自杀。幸好被邻居及时发现才避免了一场惨剧！

>>>

早恋是很多人都会经历的一种情感历程。不同的时代、不同的环境和心态，就会有不同的反应和结果。早恋对于青少年来说，是来得过早的感情，对身心发展弊大于利。

青春期的少男少女容易感情冲动，但却十分脆弱，情绪又不稳定，考虑问题比较简单，想象不到事情的后果。这种心理特点使早恋好像天边的浮云一样变幻莫测，早恋者的情绪也会随之波动起伏，影响日常的学习生活。

通常来说，性格外向、长相较好的学生和爱好文学、有文艺才华的学生更容易发生早恋。性格外向的人在学校里比较活跃，对自己的行为

第十六课 早恋：缺乏父母关爱的情感补偿

203

约束较少，一旦看中某个自己喜欢的对象，会大胆展开追求。长相很好的学生，无论男女，尤其是漂亮女生，往往经不住众多追求者的死缠烂打，陷入情网。喜欢文学的青少年多是感情丰富，充满罗曼蒂克情怀，效仿艺术家笔下的主人公，追求完美纯真的爱情，同时他们本身的才华也比较吸引异性。

虚荣心强的学生更容易发生早恋，如一些女生，从小娇生惯养，产生强烈的虚荣心，乐意接受男孩的献殷勤和赞美。甚至有的学生仅仅为了攀比，觉得别的同学有了男女朋友，自己也要有朋友才不丢面子。

此外，缺少家庭温暖和关怀的青少年更容易早恋。这些青少年或者父母离婚，或者父母经常吵架打架，在家里感觉不到温暖，生活在冷漠压抑的环境中，于是内心渴望有人关心自己，异性的爱护和理解弥补了这一点。

青少年早恋的情感多是简单而纯真的。但是如果处理不当，很容易沉浸其中不能自拔，对学习和生活都有很大影响，而失恋又会带来很多的痛苦，有的甚至心理失衡，精神抑郁。因此，家长的态度对孩子影响很大，如果家长不能正确对待孩子的早恋，或许比早恋本身产生的危害更大。

在对待孩子早恋的问题上，家长和老师的责任是帮助孩子认识到早恋的危害，并加以正确引导，帮助孩子认识到人生的这个阶段他们的首要任务是学习，帮他们确立长远目标。要设身处地地为孩子考虑，减缓他们的心理压力，对其动之以情晓之以理，为孩子提供有效的帮助，而不是简单粗暴地压制孩子，那样反而会弄巧成拙。

蓝蓝正在读初二，在父母心中，女儿一直都很听话，学习成绩也一直很好，但是从上了初二开始，蓝蓝的成绩逐步下滑，焦急的母亲无技可施。后来才发现成绩下降的原因是蓝蓝早恋了，在母亲的逼迫和自己的内疚感压力下，蓝蓝暗下决心要和男孩分手，并且向男孩提出了分手，但是几次都是由于没能坚持住又在一起了。

蓝蓝是独生女，父母都很宠爱她，虽然经济条件挺好，但是蓝蓝始终感觉家里的氛围很不协调。原来，在蓝蓝之前，她母亲因为丈夫的反对和客观条件不允许，曾经堕胎两次，因此对丈夫一直耿耿于怀，夫妻感情自然受到影响。慢慢长大的蓝蓝能感受到父母之间的冷漠，因此觉得自己也是多余的，内心身处一直缺少安全感。蓝蓝之所以早恋就是想要从异性那里获取这种缺失的安全感。

 >>>

相关心理学家表示，大多数早恋的孩子和家长的关系都不太好，亲

子之间缺少沟通互动。在心理学上，叫做情感缺失与补偿，出现情感缺失的孩子很容易向外界寻求情感补偿。而这种现象在女生中出现的概率更高，孩子的情感长期得不到满足，在青春期到来的时候，情感补偿的愿望就会更加强烈，加上学习的压力，青少年很容易接受异性朋友，产生早恋。

对于青少年的早恋，父母的反应不宜太过激烈，这样反而会给孩子造成心理负担。应该给孩子营造健康和谐的家庭环境，平等地对待孩子，培养孩子的责任感，而不是纵容、忽视、简单粗暴。

有一则关于引导学生走出早恋的故事是这样的：

一个父亲发现儿子早恋了，虽然儿子在个头上不输于父亲，但是在心理上还很不成熟，除了学习，什么都不会做，甚至连自己的衣服都不会洗。因此这位父亲决定和儿子进行一次深谈。

谈话是在一次晚餐时进行的，父亲直入主题，直言不讳地问儿子："儿子，告诉爸爸，那个令你神魂颠倒的女孩子叫什么？"

对于父亲的单刀直入，儿子感到非常吃惊，不过随后就如实告诉了父亲，并等待着父亲大发雷霆。

但是儿子听到的却是父亲平静的声音："还是到此为止吧，听爸爸的话。"

父亲温和的态度鼓励了儿子，儿子说："爸爸，是她主动的。况且，她的条件的确不错呀！"

父亲却轻轻摇头："儿子，你还太小。"

"太小？爸爸，我已经19岁了，是一个男子汉了。而你，当年只有17岁就和妈妈已经结婚了！"他以为抓住了父亲的把柄，父亲会妥协。

但是他却听到父亲这样的一番话："你说的没错。可是，你知道吗，我17岁的时候已经在工作了，每个月能拿200元。我的意思是，我当时已经能够自食其力，有一定的经济实力为爱情埋单。你呢，现在根本没有任何收入，你凭什么心安理得地钟爱自己心仪的女孩？"

父亲的一番话让儿子无颜以对，父亲接着说："你想想看，一个男人如果没有经济基础，不能为他的爱人提供必要的物质保证，如果你是女子，你会怎么看待这样的男人？儿子，我告诉你，我一直都认为，一个男人，如果没有一份赚钱的工作，不能自食其力，哪怕他40岁甚至50岁，都不配谈恋爱，谈了，就是早恋；相反，只要他有挣钱养家的本事，15岁恋爱也不算早恋！"

父亲的话如雷贯耳，一语惊醒梦中人，经过思想斗争，儿子选择了与女孩分手，尽管为此他承受了半年的痛苦。并从此将精力集中到学业上，最终取得了诺贝尔文学奖的荣誉，这个当年的大男孩就是土耳其的奥罕·帕慕克。

这个故事中，父亲以理服人，用事实说服了儿子，并给儿子说明恋爱包含着一定的责任感，只有有能力的人才能最终获得幸福。

## 案例三：漂亮女生因失恋而抑郁

小凤是初一的女生，因为长得漂亮，在学校受到很多男生的关注。但是两次未成功的早恋给她带来的只有伤害。

刚刚进入初中的小凤，就因为容貌出众而引来男生的追求。后来小凤和一名男生开始交往，起初的时候，两人相处很融洽，但是过了一段时间，那名男生却对她说他只是和同学打赌看是否能追到她，根本不是真的要和她谈恋爱。男生的话给小凤带来很大打击，从此她晚上伤心难以入眠，白天怕被同学取笑而不敢见人，因此得了抑郁症。

为了女儿能忘记过去，父母为小凤办了转学。到了新环境，有了新同学，小凤逐渐忘记了伤心事。但是不久同班的一个男生开始以帮小凤温习功课为由，主动接近她，并帮她处理一些学校中的琐事，慢慢地赢得了小凤的好感。当父母发现状况的时候，提醒小凤不要重蹈覆辙，小凤却不以为然。随着两人交往的时间越来越长，慢慢产生了情感，小凤再次陷入早恋，小凤的父母为此痛骂自己的女儿，让小凤断绝和男生的来往，迫于父母的压力，小凤对男生提出分手。但是从此之后她开始变得精神恍惚，成绩直线下降，更令父母担心的是，小凤甚至有了轻生的念头。无奈之下，只得休学。

．．．．．．．．．．．．．．．．．．．．．．．．．．．．．．＞＞＞

美国的一个杂志曾对8 000名青少年进行了调查，结果显示，青少年早恋，很有可能导致抑郁症，严重的甚至为此自杀或者杀人。因青春期恋爱引起的抑郁症，其实在15%～20%的青少年身上会有早期症状的。如孩子日益感到孤独、拒绝和父母交流、睡眠增加、饮食或行为改变等，专家建议，这些症状如果持续出现两周以上，最好带他们去看心理医生。

爱情是美好的，是令人向往的。但是早恋并不是真正的爱情，可是很多青春期的孩子并不这么想，尤其是现在90后的孩子，早早地谈起了恋爱。

当人生的第一个重要转折时期悄悄来临，进入青春期后的孩子开始重新审视自己和这个世界。那令人怦然心动的感觉让这群大孩子们留恋不已，于是过早地开始了自己的情感历程。

但事实上，青少年谈恋爱并不仅仅因为爱情带来的美好感觉，还包含着其他东西：

对异性的好奇心。当身体发生巨大变化的时候，青少年同时也开始对异性产生好奇心。在这种心理的驱使下，青少年往往不能认真对待自己和对方的感情，有的甚至将恋爱视为儿戏，给双方都带来了伤害。

青少年的情感往往如疾风暴雨，有很大的盲目性。当爱情来临，认为全世界都可以抛弃，恋爱就是生命的全部。这种幼稚的想法，注定无法接受现实的考验，当新鲜感过后是深深的悔恨。

过早来临的爱情是不成熟和不健康的，象牙塔中的爱情就犹如瓷器一样易碎。因此青少年应积极地寻找自己的兴趣点，将精力放在学习上，不要过早地坠入爱河。

给父母的建议

◎给孩子足够的信任——出现早恋现象的孩子，多是比较叛逆。如果此时和孩子针尖对麦芒，效果会适得其反，把孩子推得更远。孩子常说，父母不信任、不理解他们，因此，父母要给孩子一定的独立空间，给孩子足够的信任，相信孩子自己能处理好自己的事情。以朋友的方式和孩子进行交流，减缓他们的心理压力。

◎帮助孩子认识到早恋的危害——让孩子知道人生的各个阶段

的任务不同，在心理和身体成熟之前，青少年无力负担恋爱所带来的后果，反而给双方带来了伤害。引导他们将精力集中到学业上来，同时，丰富他们的课余生活，开阔孩子的视野，引导孩子树立更高的人生目标。

◎要尊重孩子的感情——对孩子的早恋要耐心教育，不能动辄打骂或当众羞辱，毫不顾忌孩子的自尊心，否则，孩子的精神会遭到太大打击而无法承受。要告诉孩子，纯洁的感情虽然可贵，但是现在却不是时候，以后也未必会有很好的结果。告诉孩子有责任感的爱情才是真正的爱情，以后如何去追求美好的爱情，引导他们理智对待自己的情感。

◎给孩子进行适当的婚恋教育——孩子进入青春期，会面临身体的巨大变化，为避免孩子出现早恋冲动，家长可以对孩子进行一些适当的性、恋爱和婚姻教育，可以消除青少年对异性的好奇感，提早为孩子打好心理的预防针。同时告诉孩子恋爱和婚姻中不仅仅需要感情，更多的是要担负一定的责任，才能维持长久的稳定关系。

◎鼓励孩子积极参加健康有益的集体活动——青少年精力比较充沛，为他寻找发泄的途径，就会为情感找到出口。内容丰富的集体活动，既可以锻炼身体，也可以提高孩子的人际交往能力，开阔孩子的视野。此外，还可以鼓励孩子发展自己的爱好，丰富课余生活，早恋的情感就会适当地被淡化。

◎不要轻易说孩子"早恋"——青少年在刚刚体验到异性的情感的时候，找不到合适的词汇来表达自己的情感，就只好用"爱"来替代。其实青少年这种内心的情感大多数并没有真正表达出来，只是深埋在内心。而如果父母盲目给孩子贴上标签，让孩子的感情暴露出来，反而从客观上推动了孩子的早恋行为。

◎鼓励孩子说出内心真实情感——青少年时期，缺少关爱的孩子常常会在同学中寻找感情寄托，当孩子出现这种情感的时候，家长要真诚地和孩子沟通，让孩子感受到父母的关怀，以及父母希望自己如何处理这种感情。鼓励孩子坦率地谈论心中的情感，无论孩子心中怎样想，家长都要耐心地帮孩子分析，而不能去贬低或嘲笑。

◎ 正确对待孩子的感情——美国社会学协会的研究人员表明，"早恋"真正对青少年的影响在于这些青少年处于何种恋爱状态中。如果双方抱着随便玩玩的态度，本身对感情就不认真，那么通常恋爱关系会给他们的学业带来负面影响。但是如果双方对爱情的态度很严肃，可以从对方那里获得情感上的支持，从而减轻了他们对生活和学习中的焦虑，他们反而以后会表现更好。

# 后 记

在写作本书的过程中，我受到了深深的震撼。书里每一个案例中的孩子都让人感到心痛、惋惜。以前看到的都是孩子令人厌烦的表现，却从没有深刻思考问题的根源。

有很多家长认为教育的责任在于学校和社会，事实上和孩子心灵距离最近的是父母，父母是孩子人生的启蒙者。本书列举的一些案例就是为了让家长看到父母在孩子成长历程中所起到的关键作用。书中提到一些改善亲子关系、促进父母与孩子和谐相处的技巧和方法，谨为天下父母教育子女提供借鉴。